*»Kannst du voller Stolz sagen ›Wow,
ich führe ein großartiges Leben‹?«*

Schirner
Verlag

Siranus Sven von Staden

Rebell des Herzens

Warum es Zeit wird,
mutig deinen Weg zu gehen

Schirner
Verlag

ISBN 978-3-8434-5077-5

Siranus Sven von Staden:
Rebell des Herzens
Warum es Zeit wird,
mutig deinen Weg zu gehen
© 2013 Schirner Verlag, Darmstadt

Umschlaggestaltung: Murat Karaçay, Schirner, unter Verwendung von #43390468 (mr.markin), www.fotolia.de
Redaktion: Rudolf Garski, Schirner
Satz: Silja Bernspitz, Schirner
Printed by: ren medien, Filderstadt, Germany

www.schirner.com

1. Auflage Oktober 2013

INHALT

Teil 2: Hin zur Freude

Für mein Leben,
das so reich, vollkommen
und schön ist.

Für die Liebe meines Lebens,
die Liebe zu mir selbst.

»Es ist nur ein Weg, glücklich zu werden,
nämlich der, der Stimme seines Gefühls,
seines Herzens zu folgen.
Gott hat tief in unsere Seele und Herz
die schönen Ligamente eingegraben,
denen man nur folgen muß,
um auf dem rechten Weg zu bleiben.«

Königin Luise von Preußen (1776–1810)

EINLEITUNG

Hallo, bist du da? **Ich meine, bist du wirklich da?** Hier, ganz bei mir? Oder sind deine Gedanken gerade ganz woanders? Liest du das Buch vielleicht zwischen Tagesschau und Wetterkarte? Wenn dem so ist, dann lege es behutsam beiseite, und überlege dir erst einmal, was du gerade willst.

Wie viele Bücher hast du dir bereits gekauft, die du nur gelesen und dann ins Regal gestellt oder weiterverschenkt hast? Wie viel Geld hast du bereits in Bücher, Vorträge oder Seminare investiert, ohne dass sich konkret etwas verändert hat?

Bist du wirklich glücklich und zufrieden mit deinem Leben? Hm, vermutlich nicht, sonst würdest du höchstwahrscheinlich jetzt nicht dieses Buch in deinen Händen halten. Oder hat es dir jemand empfohlen? Dann solltest du demjenigen sehr dankbar sein, denn es kann dein Leben nachhaltig verändern. Doch nur unter einer Bedingung: Wenn du dafür bereit bist.

Also frage dich hier und jetzt: Bist du bereit für dieses Buch? Bereit, dir die Zeit zu nehmen, es wirklich zu lesen, es förmlich zu inhalieren und das zu beherzigen, was ich dir mit auf den Weg geben werde? Keine Sorge, du sollst mir nicht blind vertrauen. Ganz im Gegenteil: Am besten glaubst du mir gar nichts, bevor du es nicht selbst getan bzw. erlebt hast. Und das ist die Krux bei der Sache: Dieses Buch wird nämlich nur dann dein Leben verändern, wenn du das, was du liest, auch tatsächlich umsetzt.

Somit hast du schon einmal ein Bild davon, wie ich mit dir die nächsten Seiten umgehen werde. Ich bezeichne mich selbst als **Heartliner.** Warum? Ganz einfach, ich werde dich auf deinem Weg begleiten, und zwar auf zweierlei Art und Weise.

1. Ich halte dir die Hand und gebe dir Sicherheit, wenn du sie brauchst. Ich werde dich berühren, tief in deinem Herzen, denn nur wenn ich das schaffe, erhalte ich von dir das notwendige Vertrauen, das es für deine Veränderung braucht.

2. Ich trete dir herzlich und sehr kräftig in deinen Hintern, wenn du nicht in die Puschen kommst, oder wenn dein innerer Schweinehund oder deine Zweifel dich zurückhalten möchten. Ich werde dir ein liebevoller Spiegel sein, der dir aufzeigt, welchen Mist du verzapfst und wie du es immer wieder schaffst, nicht glücklich, nicht zufrieden oder nicht erfolgreich zu sein. Dann wirst du mich eher einen **Hardliner** nennen.

Somit wirst du mich lieben und manchmal auch hassen. Das ist in Ordnung, und damit kann ich sehr gut leben: Als dein Wegbegleiter habe ich den Auftrag übernommen, dich zum Rebellen zu machen – zu einem Rebellen des Herzens, nicht mehr und nicht weniger. Und diesen Auftrag nehme ich sehr ernst.

Du hältst also quasi eine Bedienungsanleitung in deinen Händen, die dich weg vom Schmerz und hin zur Freude führt. Und damit du weißt, worauf du dich einlässt, möchte ich dir an dieser Stelle die Risiken und Nebenwirkungen aufzeigen, die das Buch haben kann – obwohl ich weder Arzt noch Apotheker bin.

Risiken

- Du legst deine dir so gut antrainierten Rollen ab.
- Du hörst auf zu »funktionieren«.
- Deine vermeintlichen Freunde werden dich nicht mehr lieben und schätzen.
- Menschen werden sich von dir abwenden.
- Andere werden versuchen, dich von deinem neuen Weg abzubringen. Sie wollen die alte Person wieder zurückhaben.
- Du wirst Neider haben.
- Du begegnest deinen Ängsten und Schattenseiten.
- Du schaust in den Spiegel und denkst dir: »Oh, shit …«
- Du wirst vielleicht manchmal zweifeln, ob es wirklich richtig war, den neuen Weg zu gehen.

- Der neue Weg wird vielleicht anfänglich steinig sein.
- Du verlässt deine Komfortzone, die dir bisher eine (vermeintliche) Sicherheit geboten hat.
- Es kann sein, dass du bei der einen oder anderen Übung das Tal der Tränen durchschreitest.
- Es kann sein, dass du deinen Job kündigst.

Nebenwirkungen

- Du folgst endlich deinen Träumen und Wünschen.
- Du wirst mutiger, klarer und selbstsicherer.
- Du erlebst ein Leben voller Freude, Liebe, Glück und Dankbarkeit.
- Du erhältst neue Freunde: Gleichgesinnte, die dich unterstützen und fördern und die dich lieben, so, wie du bist.
- Du wirst dich selbst lieben, so, wie du bist, und dich nicht mehr länger verurteilen.
- Du berührst dich und dein Herz.
- Du öffnest dein Herz und wirst eine völlig neue Gefühlswelt erleben.
- Du erkennst, dass dich niemand emotional verletzen kann.
- Du weißt, was du willst und was du nicht willst.
- Du lernst, »Fuck it« zu den Dingen zu sagen, die du nicht mehr willst.[1]

---

1 Parkin, J. C.: **Fuck it!** Ariston 2010

- Du findest und lebst endlich deine Gabe,
  deine Bestimmung, deine Berufung.
- Du zeigst anderen, wie sie das ebenfalls tun können.
- Du bist ein Rebell des Herzens – wie viele
  andere auch.
- Du übernimmst Verantwortung für dein Leben und
  wandelst dich vom Opfer zum Schöpfer.
- Du erlebst täglich den Flow des Lebens, auf eine
  spielend leichte Art und Weise.
- Du wirst erfolgreicher.

Nun musst du entscheiden, ob du bereit bist, die Risiken und Konsequenzen zu tragen und den Preis für die
Nebenwirkungen zu zahlen. Ich kann dir an dieser Stelle
nur eines sagen: Rebell des Herzens zu sein, wird das
schönste Geschenk sein, das du dir selbst jemals gemacht hast.

Doch bevor wir beginnen, möchte ich dir noch kurz aufzeigen, wie das Buch aufgebaut ist. Im ersten Teil zeige
ich dir, warum es sich – und das hast du sicher schon
selbst bemerkt – in deinem Hamsterrad, in dem du
dich täglich drehst und verbiegst, immer schwerer laufen lässt. Du wirst erkennen, warum das Funktionieren
nicht mehr wirklich funktioniert und warum die immer-
während Suche nach Anerkennung, Aufmerksamkeit
und Liebe ein Ende haben muss. Du erhältst Anregun-

gen, Tipps und Übungen, was du tun kannst, um vom Schmerz wegzukommen.

Im zweiten Teil führe ich dich hin zur Freude. Mithilfe vieler Fragen wirst du dich selbst erforschen und herausfinden, was du wirklich willst und wie der Weg deines Herzens aussieht. So wirst du endlich Klarheit in deinem Leben finden.

Bist du bereit? Ich warte am Eingang – am Anfang von Teil 1 – auf dich und bin voller Liebe und Dankbarkeit dafür, dich auf diesem Weg und mithilfe dieses Buches begleiten zu dürfen.

Von Herzen

Sincere Sven v. Staden

Teil 1

Weg vom Schmerz

*»Der Eingang zu deinem neuen Leben ist die Pforte,
durch die du deine Vergangenheit hinter dir lässt.«*

Auf der immerwährenden Suche nach Anerkennung, Aufmerksamkeit und Liebe

Deine Vergangenheit – deine Herkunft

Nach Tausenden von Coachings, Gesprächen, Seminaren und Ausbildungen kann ich heute sagen, dass es kaum einen Menschen gibt, der nicht auf der Suche nach Anerkennung, Aufmerksamkeit und Liebe ist. Natürlich ist es normal, dass ein Mensch geliebt sein möchte, doch darum geht es mir hier gar nicht. Es geht um die immerwährende Suche. Woran liegt es, dass nur so wenige genügend Liebe in sich tragen und förmlich in einem Mangel an Liebe leben? Die Erklärung dafür liegt in der eigenen Vergangenheit.

Schaue also in deine Vergangenheit. Die neue Entwicklungsbiologie besagt, dass du in den ersten vier Jahren deines Lebens deine intensivste Prägungsphase hast. Alles, was du in dieser Zeit gehört hast, was andere über dich gesagt haben, was du gesehen und erlebt hast bzw. was die für dich wichtigsten Menschen in deinem Leben dir als Kind vorgelebt haben, hat dich geprägt und zu dem Menschen gemacht, der du heute bist. In dieser frühen Zeit warst du noch nicht in der Lage, eigenes Bewusstsein aufzubauen, sodass all das eben Beschriebene sich direkt in deinem Unterbewusstsein festgesetzt hat. Es wurde somit zu deiner Wahrheit – nicht zu DER Wahrheit, sondern zu DEINER Wahrheit.

Die neue Entwicklungsbiologie vermutet sogar, dass eine Mutter während der Schwangerschaft nur einmal intensiv daran zu denken braucht, das Kind nicht zu wollen, um eine Prägung des »Nicht-erwünscht-Seins« beim noch Ungeborenen zu festigen.[2] Du kannst dir wahrscheinlich nur zu gut vorstellen, dass es während der Schwangerschaft auch einmal einen Moment gibt, in dem die werdende Mutter die Nase voll hat. Das ist nur zu verständlich und völlig natürlich. Somit lässt es sich gut nachvollziehen, warum sich die meisten Menschen nicht geliebt fühlen und auf der ständigen Suche nach Anerkennung und Liebe sind.

Wenn du noch einen Schritt weitergehst und dir die Vergangenheit der Personen anschaust, die dich am meisten beeinflusst haben, also die deiner Eltern, so wird deine Prägung noch klarer.

---

2   Lipton, B.: **Intelligente Zellen.** Koha 2006

Meine Eltern beispielsweise wurden 1938 bzw. 1939 geboren; zu einer Zeit, in der der Zweite Weltkrieg kurz bevorstand. Ihre Eltern hatten überhaupt gar keine Zeit, den Kindern die notwendige Liebe zu geben. Es ging ums nackte Überleben. Somit haben meine Eltern in ihrer Kindheit nie gelernt, was wirkliche Liebe bedeutet. Für das, was Kinder sich so sehr wünschen, blieb kaum Zeit.

Wie war es bei deinen Eltern? Konnten sie dir die Nähe, Geborgenheit und Liebe geben, die du dir seinerzeit gewünscht hast? Wurdest du umsorgt, und konntest du die notwendige Liebe spüren? Ich wäre sehr dankbar dafür, wenn du jetzt von ganzem Herzen JA sagen könntest.

Kannst du dies nicht, bitte ich dich, jetzt folgende Übung durchzuführen. Hierbei geht es ausschließlich darum, deine Gefühle sprechen zu lassen, nicht deinen Verstand. Dein Verstand wird auf die kommenden Fragen schnell eine Antwort finden, doch kommst du über deine Gefühle viel eher an die wirklichen Wahrheiten.

Selbsterforschung: Der Mangel an Liebe

Nimm dir einen Augenblick Zeit für dich. Schließe deine Augen, und horche in dich hinein. Nimm dich ganz wahr. Gehe dann mit deiner Aufmerksamkeit in dein Herz. Ich meine jedoch nicht dein physisches Herz, sondern das Energiezentrum deines Herzens, das sogenannte Herzchakra, das etwa in der Mitte deiner Brust liegt. Hier fühlst du deine Liebe zu dir. Gehe ganz in Kontakt mit ihr, tauche in dein Herz ein. Wie stark kannst du die Liebe fühlen? Was nimmst du wahr? Kannst du den Mangel an Liebe wahrnehmen? Beschreibe genau, was du gerade empfindest. Stelle dir nacheinander folgende Fragen, und achte darauf, dass die Antworten aus deinem Gefühl heraus kommen, nicht aus deinem Verstand heraus:

»Wie äußert sich der Mangel in mir?«
»Wie zeigt sich der Mangel im Außen?«
»Wie kompensiere ich den Mangel an Liebe?«

Sei dir dessen bewusst, dass sich diese Liebe aus deinen frühkindlichen Erfahrungen speist. Sie sind eine Reflexion der ersten Jahre deines Lebens. Gehe in deiner Erinnerung, so, wie es dir gerade möglich ist, zurück in deine Kindheit. »Was hättest du dir damals gewünscht? Wie hätte es sein sollen?« Egal, welche Gefühle hochkommen, ob Wut, Trauer, Scham oder was auch immer: Lasse sie zu. Sie sind ein Teil von dir und dürfen jetzt sein. Du wirst feststellen, dass du dich am Ende erleichtert fühlst.
Sage dir zum Schluss: »Ja, das bin ich auch. So darf ich sein.«

Wenn diese Gefühlsphase vorüber ist, bleibe mit deiner Konzentration im Herzen, und stelle dir vor, wie du durch dein Herz ein- und wieder ausatmest. Nimm einen Augenblick lang wahr, wie du durch dein Herz atmest. Spüre, wie sich dein Herz mit jedem Einatmen ausdehnt und mit jedem Ausatmen deine Herzensenergie durch deinen Körper strömt. Dein Körper füllt sich mehr und mehr mit Liebe. Wenn du das Gefühl hast, dass dein Körper angefüllt ist mit Liebe, komme über deinen Atem wieder ganz bei dir an, und öffne deine Augen. Nimm dir nun ein Blatt Papier, und notiere dir, was du gerade über dich erfahren hast.

Danke, dass du die Übung mitgemacht hast und dass du dir erlaubt hast, tief in deine Gefühlswelt hinabzutauchen. Das ist nicht selbstverständlich (und – solltest du ein Mann sein – eher ungewöhnlich), doch braucht es diese Form von Selbsterforschungen, damit du dich immer besser erkennen und dir mehr und mehr auf die Schliche kommen kannst.

So weit zu deiner eigenen persönlichen Vergangenheit. So langsam dürftest du eine Ahnung davon haben, weshalb du so viel dafür tust, Anerkennung, Aufmerksamkeit und Liebe zu erhalten. Später findest du noch heraus, welche unbewussten Überzeugungen du in dir trägst, die dich immer wieder zu diesem Handeln antreiben.

Wie das Kollektivbewusstsein dich unbewusst beeinflusst

Nicht nur deine persönliche Vergangenheit beeinflusst dich. Auch das Kollektivbewusstsein bzw. kollektive Unbewusste, wie C. G. Jung es bezeichnete, hat einen Einfluss. Hierbei handelt es sich um das Bewusstsein aller Menschen. Alles, was irgendwann einmal von der Psyche eines Menschen ausgedrückt wurde, wird zum Bestandteil der psychischen Grundkonstitution dieses Menschen – und auf einer kollektiven Ebene zum Bestandteil der ganzen Menschheit. Diese wiederum hat Einfluss auf die Psyche jedes Einzelnen.

Deutschland ist ein Land der Sicherheitsdenker. Das ist nur zu verständlich, schaut man sich die Geschichte der Deutschen an. Sie sind häufig in Kriege verwickelt worden, mussten um ihr Überleben kämpfen und haben immer wieder alles aufgebaut. Deshalb sind sie auf Sicherheit fokussiert. Sie wollen nicht mehr alles verlieren, sondern es lieber bewahren. Die Medien tragen das ihre zu dieser Fokussierung bei, und Banken und Versicherungen leben sehr gut davon. All das ist im Kollektiv abgespeichert und beeinflusst dich genauso wie deine Erfahrungen, die du selbst machst und gemacht hast.

Ein weiteres Beispiel erhältst du, wenn du dir veranschaulichst, welches kollektive Bild von Männern und Frauen wir haben. Schaue dir die Werbung an, und du weißt, was ich meine. Ist es da ein Wunder, dass wir – selbstverständlich nicht unbedingt bewusst – diesem Bild gerecht werden wollen? Dass sehr viele Frauen etwa über die kollektive Prägung, attraktiv sein zu müssen, immer wieder alles dafür tun? Dass Männer oftmals an der Bürde, erfolgreich sein zu müssen, scheitern, weil sie gar nicht der Typ dazu sind? Sei dir also dessen bewusst, dass dich neben deinen frühkindlichen Prägungen auch das Kollektivbewusstsein prägt. Allein das Bewusstsein darüber ermöglicht dir, aus diesem Teufelskreis auszubrechen. Wenn du erkennst, dass du nicht das Kollektiv bist, sondern lediglich von seinen Prägungen beeinflusst, kannst du dich entscheiden, dich davon zu lösen und deine Welt, deine Matrix, verändern.[3]

Warum das Funktionieren irgendwie nicht mehr so richtig funktionieren will

Gehe ich recht in der Annahme, dass du auch zu den Menschen gehörst, die sich, ganz egal, ob bewusst oder unbewusst, verbiegen, nur um anderen zu gefallen und von ihnen die gewünschte Aufmerksamkeit zu erhalten? Wie hat meine Frau einmal so schön gesagt: »Funktionierst du noch, oder lebst du schon?«

---

3 Speziell für das Lösen dieser kollektiven Bindungen habe ich die CD **Vom Mangelbewusstsein ins Füllebewusstsein** (Schirner 2011) aufgenommen.

Die meisten Menschen funktionieren in dieser Welt, in ihrem Job, in ihrer Beziehung und vielerlei anderen Situationen. Dagegen spricht so lange nichts, wie sie in dieser Situation glücklich sind. Das Dumme ist nur, dass die wenigsten es sind. Ich habe fast 40 Jahre lang funktioniert – für dieses süße Wörtchen **Liebe.** Ich habe einen Beruf ausgeübt, der wider meine Natur war, wollte immer ganz nach oben und habe dafür sehr viel getan; habe mich in meinen ehemaligen Partnerbeziehungen der Harmonie wegen zurückgenommen usw. Ich hatte also mehr oder weniger Harmonie. Auch im Geschäftsleben gab es wenige Konflikte (weil ich sehr darauf achtete, keine zu schüren) und wurde auf eine gewisse Art erfolgreicher, doch erfüllt hat mich all das nie. Wirklich **gelebt** habe ich zu der Zeit definitiv nicht. Ergeht oder erging es dir ähnlich?

Wir verkaufen uns für Anerkennung, Aufmerksamkeit und Liebe. Und zahlen hierfür einen hohen Preis: unsere Freiheit, das zu tun, was in uns ist, und schon so lange gelebt werden will. Dieses Samenkorn, das schon immer in uns war, durfte niemals zu einem großen kräftigen Baum werden. Das Schöne ist: Damit ist jetzt Schluss. Sicherlich hast auch du bemerkt, dass das Funktionieren nicht mehr wirklich funktioniert. Irgendwie laufen wir damit immer häufiger vor die Wand. Die tollen Strategien, die wir so schön einstudiert haben,

- das nette Lächeln, obwohl uns gar nicht danach
  zumute ist,
- das Sich-Zurücknehmen, obwohl wir lieber laut
  aufschreien wollen,
- Ja zu sagen, obwohl alles in uns Nein schreit,
- das Um-alles-in-der-Welt-toll-aussehen-Wollen,
  obwohl uns mehr nach Jogginghose zumute ist,
- der coole Macho zu sein, obwohl der weiche Kern
  so sehr ruft,
- das dicke Auto fahren zu müssen, für das der
  Kreditrahmen voll ausgeschöpft wurde,
- das lange Arbeiten, weil es gut für die Karriere ist,
- sich um Haushalt und Kinder zu kümmern,
  obwohl wir viel lieber unserer
  kreativen Ader nachgehen würden,
- usw.

kommen nicht mehr so an. Auf einmal schauen die anderen uns schräg an, der Körper wird verstärkt krank,
die Karriere bleibt aus. Das Universum spielt uns gerade
jede Menge Streiche. Und zwar aus einem guten Grund:
Wir sind dazu aufgefordert, endlich einmal innezuhalten,
in die Vogelperspektive zu wechseln und uns anzuschau-
en, welchen Blödsinn wir eigentlich verzapfen.

Im Klartext: **Schaue dir endlich einmal zu, während du
lieb Kind machst und dabei innerlich verkümmerst!**

Schluss mit lustig. Aus die Maus!

Das Universum fordert uns dazu auf, das, was wir uns so gern von anderen wünschen, in uns selbst zu finden. Denke immer daran, du bist vollkommen. Warum um alles in der Welt strebst du nach etwas Besonderem, wenn du doch längst besonders bist? Du bist einzigartig. Das ist das schönste Geschenk, das Gott dir machen konnte. Du hast Ecken und Kanten, aber nicht dafür, dass sie vom Leben rund geschliffen werden. Du hast eine Schönheit in dir, die so strahlend ist, dass Kleidung und Schminke sie niemals entsprechend zur Geltung bringen könnten. Schaue dir die Models an, zu denen so viele Frauen aufschauen. Von denen ist kaum eine glücklich – weder mit sich noch mit ihrem Körper. Das sagen sie natürlich nicht vor der Kamera. Würdest du das tun? Nein, natürlich nicht, du würdest auch lieber funktionieren. Wie häufig hast du schon auf die Frage »Wie geht es dir?« mit »Gut!« geantwortet, ohne darüber nachzudenken – einfach, weil man das ja so macht. Und warum? Nur damit sie dich nicht fragen, warum es dir nicht gut geht? Höre damit auf, dich zu verbiegen, und fange langsam aber sicher an, deine Wahrheit zu sagen.

Also, lasse das Funktionieren sein, komme aus deinem Kokon heraus, erwecke **in dir** das, was du bei anderen suchst, und beginne endlich, zu leben – wirklich zu leben!

Die wunderbare Welt der Ausreden

Es geht nicht, weil …

In all den Jahren meines Wirkens als Coach und Berater habe ich mich mit Tausenden von Menschen über ihre Träume und Wünsche unterhalten. Immer wieder war ich begeistert zu hören, was ihre Sehnsüchte sind. Fragte ich sie dann, warum sie ihre Träume und Wünsche noch nicht wahr gemacht haben, begann die Antwort in fast 90 Prozent der Fälle mit folgendem Satz:

»Es geht nicht, weil …«
- »… ich erst noch abwarten muss, bis das Haus abbezahlt ist.«
- »… ich noch nicht in Rente gehen kann.«
- »… die Kinder noch zu klein sind.«
- »… ich sonst meine Familie alleinlassen müsste.«
- »… mein Partner da nicht mitzieht.«
- »… mir das nötige Kleingeld fehlt.«
- »… ich meine Mutter pflegen muss.«
- »… es dort keinen Job für mich gibt.«
- »… ich dafür schon zu alt bin.«
- »… ich nicht studiert habe.«
- »… mir dazu das Talent fehlt.«
- Usw.

Findest du dich in einem dieser Sätze wieder? Oder gibt es für dich einen Grund, der hier noch nicht aufgeführt ist? Was ist dein Grund, warum du bisher noch nicht deinen Wünschen und Träumen gefolgt bist? Was ist der Grund, warum du immer noch deine Träume träumst, anstatt sie zu leben? Was ist der Grund?

Soll ich dir was sagen? Deine Antwort ist Bullshit! Sie ist nicht wahr. Sie ist lediglich eine Ausrede. Warum bist du nicht wirklich ehrlich zu dir und mir? Warum erzählst du mir nicht, warum du es bisher tatsächlich noch nicht getan hast? Soll ich dir die Wahrheit sagen?

»Es geht nicht, weil du Angst hast!«

Das ist die wahre Antwort hinter all deinen Ausreden. Und weißt du was? Das ist völlig okay – doch höre endlich damit auf, deinen Partner, deine Kinder, deinen Job oder irgendetwas anderes vorzuschieben. In dem Moment, in dem du wirklich ehrlich zu dir bist, bist du deinem Traum schon ein großes Stück näher. Wenn du weißt, dass es »lediglich« deine Angst ist, die dich davon abhält, den Weg deines Herzens zu gehen, dann kannst du ab jetzt an deinen Ängsten arbeiten. Du kannst sie verändern. Wenn du schon das eine oder andere Buch von mir kennst, dann weißt du, dass wir heute nicht mehr tief greifende und langjährige Therapien benötigen, um Ängste zu verändern. Mit den heutigen Methoden geht es viel schneller. Manchmal braucht es lediglich fünf Minuten, bis eine Angst gehen darf. Du glaubst das nicht? Na, dann lasse dich mal überraschen.

Nimm dir also jetzt einen Augenblick Zeit, und stelle dir folgende Fragen (klappe das Buch dafür einen Moment lang zu):

»Wovor habe ich Angst?«
»Welche Angst (vielleicht sind es auch mehrere Ängste) hindert mich daran, meinen Weg zu gehen?«

Es ist wichtig, dass du an dieser Stelle vollkommen ehrlich zu dir bist, denn nur dann hast du die Chance, an den wirklichen Grund, den Kern, zu kommen.

- Ist es die Angst vor dem Alleinsein?
- Ist es die Angst, als schlechte Mutter bzw. schlechter Vater dazustehen?
- Ist es die Angst, sich zu blamieren?
- Ist es die Angst, verletzt zu werden?
- Ist es die Angst, zu versagen?
- Ist es Existenzangst?
- Ist es die Angst, nicht mehr geliebt zu werden?

Gehe also in dich, und beantworte dir ehrlich die Frage, wovor du Angst hast.

Wenn du eine Antwort gefunden hast (und ja, es ist auch hier wieder absolut in Ordnung, wenn Tränen fließen), dann möchte ich dir nun eine Möglichkeit geben, aus der Angstfalle herauszutreten. Erst, wenn du deine Ängste transformiert hast, wirst du in der Lage sein, kraftvoll deinen Weg des Herzens zu gehen, deine Träume und Wünsche zu verwirklichen. Das Spannende ist, dass du dann beginnst, nicht mehr **problem**orientiert, sondern **lösungs**orientiert an dein Ziel heranzugehen. Aus irgendeinem Grunde zeigen sich auf einmal mögliche Lösungswege auf. Ich liebe es immer wieder zu sehen, wenn auf einmal das Leuchten in den Augen der Menschen wiederkommt und aus einem ☹ auf einmal ein ☺ wird. Großartig!

Bist du bereit, dich deinen Ängsten zu stellen? Denke daran, ich begleite dich, so gut ich es von hier aus kann. Ich weiß aus eigener Erfahrung nur zu gut, wie Ängste einen begrenzen und in der Komfortzone gefangen halten können.
Zum Glück ist es heute anders: Heute begrüße ich mögliche Ängste und schaue mir genau an, wozu sie da sind und worauf sie mich hinweisen möchten. Denke daran, alles im Universum hat einen Grund, einen Sinn – also natürlich auch deine Angst. Daher ist es erst einmal wichtig herauszufinden, worauf dich deine Angst hinweisen möchte.

Ich möchte dir an dieser Stelle die Übung »Kontaktaufnahme« vorstellen. Sie ermöglicht es dir, zügig den Grund dafür herauszufinden, weshalb deine Angst da ist und worauf sie dich hinweisen möchte. Es ist eine kraftvolle Übung, die schon Tausende von Menschen vor dir zu ganz unterschiedlichen Themen durchgeführt haben.

Kontaktaufnahme

Mache es dir bequem. Du kannst entweder sitzen oder liegen. Schließe deine Augen, und konzentriere dich auf deinen Atem, wie er kommt und wieder geht. Mit jedem Atemzug wirst du ruhiger und kannst dich mehr und mehr entspannen. Spüre, wie der Alltag von dir abfällt, während du ruhiger und ruhiger wirst. Verlagere jetzt deine Aufmerksamkeit auf dein Thema. Konzentriere dich auf deine Angst, deinen Zweifel – was auch immer es ist. Gehe in Kontakt damit. Gelingt dir dies nicht sofort, kannst du dich wahrscheinlich an eine Situation erinnern, in der dein Thema ganz präsent war. Gehe so stark in diese Erinnerung, bis du das Thema fühlen kannst.

Lokalisiere jetzt, wo in deinem Körper du die Angst wahrnimmst. Konzentriere dich ganz auf diesen Punkt. Sollte das Gefühl zu intensiv sein, so stelle dir vor, du hättest eine Art Thermostat in deiner Hand, mit dem du die Intensität auf ein erträgliches Maß herunterregeln kannst, so, dass du weiterhin handlungsfähig bist.

Sprich nun die Angst an, indem du sie aus deinem Inneren heraus fragst, ob sie mit dir in Kontakt treten möchte. Es wird eine Antwort kommen, ganz bestimmt. Nicht immer muss diese Antwort verbaler Natur sein. Es kann auch sein, dass du eine Veränderung in der Region spürst oder ein Bild siehst. Was auch immer kommt, lasse es zu. Sollte die Antwort negativ ausfallen oder gar nichts passieren, dann frage, was du tun kannst, um den Kontakt herzustellen. Denke daran: Bisher hatte deine Angst noch nie Kontakt zu dir. Deshalb muss sie ein entsprechendes Vertrauen zu dir aufbauen. Achte darauf, dass die Antwort nicht aus deinem Verstand kommt, sondern vom Gefühl selbst. Das ist enorm wichtig. Dein Verstand hat jede Menge Antworten, die jedoch hier irrelevant sind.

Ist die Kontaktbereitschaft da, gehe einen Schritt weiter. Frage deine Angst, ob sie einen Namen hat. Egal, welcher Name kommt, akzeptiere ihn. Selbst, wenn der Name »Rot« oder »Lampe« ist. Frage anschließend: »Ich möchte gern mehr über dich erfahren. Wozu bist du hier?« Oder: »Worauf möchtest du mich hinweisen?« Oder: »Was ist deine Aufgabe?« Oder: »Was kann ich durch dich lernen?« Du kannst einen Dialog aufbauen. Sei neugierig, schließlich geht es darum, zu verstehen.

Hast du herausgefunden, aus welchem Grund deine Angst oder dein Zweifel da ist und worauf sie oder er dich aufmerksam machen möchte? Dann nimm ihm im Idealfall seine Aufgabe ab, und übernimm sie selbst. Nicht die Angst an sich, sondern das, worauf sie dich hinweisen möchte. Frage nun, ob sie eine neue Aufgabe übernehmen möchte, nämlich dich bei deiner Aufgabe zu unterstützen. Aus meiner Erfahrung heraus kann ich sagen, dass das Thema dies in den meisten Fällen gern macht. Schlage ihm im Anschluss einen »Deal«, eine Vereinbarung vor. Jeder übernimmt ab sofort seine neue Aufgabe. Besiegele dann auf deine Art und Weise den Deal. Du kannst beispielsweise deine ehemalige Angst umarmen, ihr einen Kuss geben, ihr könnt euch die Hand geben oder einen Vertrag unterschreiben. Dieser Deal ist sehr wichtig! Löse den Kontakt erst dann, wenn beide Seiten zufrieden sind.

Bedanke dich danach für die Hilfe, und verabschiede dich. Konzentriere dich jetzt wieder auf deinen Atem, und komme über diesen wieder mehr und mehr an die Oberfläche deines Bewusstseins zurück. Wenn du wieder ganz da bist, öffne deine Augen.

Das war es, jetzt liegt es an dir. Setze deinen Teil der Vereinbarung um, handle danach. Was, glaubst du, würde passieren, wenn du dem Hinweis folgen würdest? Gäbe es dann für die Angst noch einen Grund, weiterhin in deinem Leben zu sein? Nein, selbstverständlich nicht. Die Angst ist ja nur deshalb in deinem Leben, um dich auf etwas Bestimmtes hinzuweisen. Und im Regelfall gehen die Gründe immer in dieselbe Richtung: Wir sollen unser Leben verändern. Wenn du also dem Hinweis folgst und dein Leben entsprechend veränderst, ist die Aufgabe der Angst erfüllt, und sie kann gehen. So einfach ist das?

Ja, ganz genau, so einfach ist das. Das Leben ist generell einfach. Wir selbst sind diejenigen, die uns das Leben so schwer machen. Warum das so ist, erfährst du im Kapitel »Willkommen im Hamsterrad« (siehe Seite 38).

Nachdem du die Übung »Kontaktaufnahme« durchgeführt hast, spüre nach: Hat sich bereits etwas verändert? Ich denke schon, oder? Ich bearbeite mit meinen Klienten und Teilnehmern jedes Thema: jeden Schmerz, jede Krankheit, Blockade, Angst, Phobie usw. Jedes Thema ist ja nur dazu da, um uns auf etwas hinzuweisen.
Die Wirkung nach der Übung ist unterschiedlich. Es kann sein, dass deine Angst sofort weg ist oder dass sie zumindest schwächer geworden ist, sich nicht mehr so beklemmend anfühlt. Es kann aber auch sein, dass vorerst alles so bleibt wie bisher. Jedes Ergebnis ist erst einmal ganz genau richtig, so, wie es ist. Veränderung braucht oftmals seine Zeit. Denke immer daran, dass deine Angst dich schon lange zurückhält. Da darf es auch schon mal einen Tag länger dauern, bis sich eine Änderung einstellt.

Nachdem du nun also weißt, worauf dich deine Angst hinweisen möchte, kannst du jetzt auch aktiv eine Transformation einleiten. Das machst du am besten mit dieser Übung:

Sich von Ängsten befreien

Schließe deine Augen, und erinnere dich an eine Situation, in der du deine Angst erlebtest. Gehe so tief in die Erinnerung, bis du die Angst wieder spüren kannst. Lasse dich jedoch nicht von ihr einnehmen. Du sollst sie lediglich spüren. Wird die Emotion zu stark, dann stelle dir vor, du hättest in einer Hand ein Art Thermostat, mit dem du die Intensität herunterregeln kannst. Das funktioniert wunderbar.

Spürst du die Angst, dann stelle dir nun vor, wie du das unangenehme Gefühl circa einen Meter vor dich hin zoomst, so, als würdest du bei einer Kamera das Bild wegzoomen. Das Gefühl soll nun außerhalb deines Körpers sein. Ist dies der Fall, nimm dein Gefühl der Angst einmal ganz genau wahr.

Kannst du ihm eine Farbe zuordnen? In den meisten Fällen sind es unangenehme Farben. Sei jetzt kreativ, und stelle dir vor, wie du mit einer Farbdose, die selbstverständlich deine Lieblingsfarbe enthält, dein Gefühl übersprühst. Die Farbe legt sich nicht nur über die bisherige, sondern dringt sogar tief in das Gefühl ein, bis es komplett mit deiner Lieblingsfarbe durchtränkt ist. Kannst du wahrnehmen, wie sich gleichzeitig das Gefühl verändert und angenehmer wird? Ich liebe das. Nun schaue die Farbe ganz genau an. Soll sie vielleicht noch heller, strahlender sein, vielleicht mehr Kontrast oder Wärme haben? Dann verändere auch das, bis das Gefühl noch besser wird.

Widme dich jetzt der Form. Ist sie optimal, oder ist deine Angst noch zu kantig, zu spitz oder von ähnlicher Art? Verändere auch die Form, bis sie optimal ist. Wenn du alles, was du sehen kannst, genau richtig verändert hast, dann höre genau hin.

Kannst du deiner Angst ein Geräusch zuordnen? Auch hier darfst du wieder wie ein Kind kreativ sein und herumspielen und verändern, bis das Geräusch genau so ist, wie du es dir wünschst. Ersetze es durch ein schönes Geräusch, speichere deine Lieblingsmusik darauf ab wie auf einem USB-Stick und verändere die Klänge und die Lautstärke entsprechend deinen Wünschen.

Zum Schluss darfst du noch die Bewegungsweise verändern. Drehe dein Gefühl mal in die eine, mal in die andere Richtung. Lasse es größer oder kleiner werden, schwingen, vibrieren – was auch immer du möchtest. Am Schluss sollte sich dein Gefühl so richtig gut anfühlen. Wenn alles getan ist, bedanke dich bei dir selbst für die Transformation, und zoome dein Gefühl wieder zurück in deinen Körper. Verankere es wieder mit deiner ehemaligen Angst.

Jetzt kommt der Test: Stelle dir vor, du hast dich entschieden, ganz klar dem Weg deines Herzens zu folgen. Du bist bereits Rebell des Herzens. Tauche ganz in die Situation ein. Wie fühlt es sich an? Ist da noch Angst? Ist da noch etwas, was dich begrenzt, was sich beklemmend anfühlt? Wahrscheinlich nicht mehr.

Willkommen in der wunderbaren Welt der leichten Transformation. Denke immer daran:
Leben darf leicht sein!

Sollte aus irgendeinem Grunde die Übung »Kontaktaufnahme« oder die Transformation der Angst nicht klappen, dann ist auch das in Ordnung. Auch bei mir funktionieren die Dinge nicht immer gleich gut. In solch einem Fall nehme ich mir einen Experten zu Hilfe, der mich dabei unterstützt. In den meisten Fällen einen von mir ausgebildeten Coach.[4]

Übrigens gilt das eben Beschriebene ebenso für deine Zweifel. Auch für sie kannst du die »Kontaktaufnahme« und die »Transformation der Angst« anwenden.

Ehrliche Kommunikation

Nachdem du deine Angst bzw. deine Ängste abgelegt hast, die der wirkliche Grund sind, weshalb du deinem Weg noch nicht aktiv folgst, stelle dir folgende Frage: »Bin ich jetzt bereit, meinem Weg in aller Konsequenz zu folgen?«

---

4 Das kannst du auch tun. Auf **www.quantum-energy.de/coaching** findest du unter den vielen Coaches sicher auch einen in deiner Umgebung. Oder du suchst dir einen anderen Menschen deines Vertrauens, damit er dich unterstützt.

Lautet die Antwort Nein, was sehr gut sein kann, dann frage dich, was es noch braucht. Hast du schon einmal mit deinem Partner, deinen Eltern, Kindern oder deinem Chef über deinen Traum gesprochen? Viele meiner ehemaligen Klienten haben dies bisher noch nie getan, weil sie dachten, dass es ohnehin keinen Sinn ergibt. Wenn du Rebell des Herzens sein und dem Ruf deines Herzens folgen möchtest, ist dies aber unabdingbar.

Natürlich kann es sein, dass die Personen, mit denen du sprichst, nicht begeistert sein werden, doch kann auch genau das Gegenteil der Fall sein. Du wirst es nie erfahren, wenn du nicht ehrlich über deine Herzenswünsche sprichst. Lösungen wirst du erst dann finden, wenn du mit den betroffenen Personen redest. Gemeinsam Lösungen zu finden, ist deutlich einfacher als allein. Hätte ich nicht im Vorfeld viel mit meiner Frau Sonja diskutiert, wären wir nie gemeinsam nach Ibiza ausgewandert. Ihre Ängste wären größer als ihre Sehnsucht geblieben. Ich konnte ihr in den Abenden des Redens viele Ängste nehmen. Und ein weiterer großer Vorteil ist, dass wir uns durch die Gespräche noch tiefgründiger kennengelernt haben.

Gibt es erst einmal keine Lösung, weil der andere nicht mitziehen kann, habe ich seinerzeit bei Stephen R. Covey[5] eine wundervolle Konfliktlösungsstrategie erlernt: die Methode der dritten Alternative. Beide Parteien suchen eine neue, von sich unabhängige Alternative, die die Wünsche beider Seiten berücksichtigt.[6]

---

5 Stephen R. Covey war einer der renommiertesten Berater und Redner für Regierungen, Unternehmen usw. in aller Welt. Sein Buch, das im Deutschen unter dem Titel **Die 7 Wege zur Effektivität** erschienen ist, war ein weltweiter Megabestseller.
6 Stephen R. Covey: **Der 8. Weg.** Gabal 2006

Herzlich willkommen im Hamsterrad

Wie deine frühkindlichen Prägungen auch heute noch dein Leben nachhaltig bestimmen

Wie schon im Kapitel »Deine Vergangenheit – deine Herkunft« beschrieben finden die ersten Prägungen eines Menschen bereits vor seiner Zeugung statt. Das setzt natürlich auch voraus, dass du daran glaubst, dass in deinem Körper eine unsterbliche Seele wohnt, die sich nur durch dich als Mensch erfahren kann. Die Seele möchte ganz bestimmte Erfahrungen machen. Diese sorgen dafür, dass ein Teil deines Weges bereits vorbestimmt ist. Das heißt natürlich nicht, dass dein Schicksal bestimmt ist, denn dieses kannst du sehr wohl beeinflussen. Wir haben einen freien Willen, doch der Weg im Allgemeinen ist vorgezeichnet. Das ist der Grund, weshalb du dich gerade auf deinen Weg begibst.

Damit du genau verstehen kannst, wie dich deine frühkindlichen Prägungen beeinflussen, möchte ich dir kurz das sogenannte »Modell des Lebens« aufzeigen. Deine Prägungen sorgen dafür, dass du wie durch eine bunte Brille schaust. So, wie du rosarot siehst, wenn du dich in einer Verliebtheitsphase befindest, siehst du im Alltag auch durch eine Brille, deren Gläser durch deine Prägungen gefärbt sind. Deine fünf Sinne nehmen somit deine Umwelt gefiltert wahr. Alle Situationen, die du erlebst, interpretierst du unbewusst und reagierst bzw. verhältst dich entsprechend. Das führt zu Ergebnissen und Erfahrungen, die wiederum deine Prägungen bestätigen. Das Ganze ist deine **Identität,** das, was dich ausmacht.

Warum nicht nur dein bewusster Glaube Berge versetzt

Der Mensch geht im Alltag lediglich zu fünf Prozent bewusst durchs Leben. Zu 95 Prozent werden wir unbewusst durch unsere Prägungen und Erfahrungen gesteuert. Das ist der Grund, weshalb ich meinen Seminarteilnehmern und Klienten immer wieder mit auf den Weg gebe, ihr Bewusstsein immer weiterzuentwickeln. Je bewusster du bist, desto mehr du dir selbst auf die Schliche kommst, umso weniger wirst du von deinem Unterbewusstsein gelebt.

Der Glaube versetzt Berge – und was für welche. In der Medizin beispielsweise beruhen statistisch gesehen mehr als ein Drittel aller medizinischen Heilungen auf dem Placeboeffekt. Heilungen geschehen also häufig lediglich aufgrund des eigenen Glaubens. Wenn du also tief und fest daran glaubst, dass du deinen Herzensweg finden und ihn auch gehen wirst, dann wird es so sein. Wenn jedoch dein Unterbewusstsein den Torpedo namens »Prägung« abfeuert, wirst du plötzlich anderer Meinung sein und dich selbst von deinem Weg abhalten.

Was dein bewusster Glaube ist, das weißt du. Nun darfst du dich aufmachen, eine Schicht tiefer zu gehen und herauszufinden, was dein unbewusster Glaube über Erfolg, Bestimmung, Gabe etc. ist. Erforsche dich, indem du dir folgende Fragen stellst und deine Antworten darauf findest:

- Was haben mir meine Eltern[7] als Kind über Bestimmung, Beruf, Talente, Gabe, Träume und Wünsche erzählt?
- Wie sehr haben meine Eltern meine Gabe, meine Fähigkeiten und Talente gefördert?
- Durfte ich so sein, wie ich war?
- Wie haben mir meine Eltern das Ausleben von Fähigkeiten und Talenten am eigenen Beispiel vorgelebt?
- Sind meine Eltern ihren Weg des Herzens gegangen?
- Wussten bzw. wissen meine Eltern überhaupt um ihre Bestimmung oder Berufung?
- Was habe ich persönlich über Menschen gehört, die einfach ihren Weg des Herzens gegangen sind?
- Was haben mir andere seinerzeit über diese Themen erzählt?
- Wie erging es mir, wenn ich einfach so war, wie ich war?

---

7   Bzw. deine Erziehungsberechtigten

Notiere dir all die Antworten, und finde so deinen unbewussten Glauben heraus.[8] Deine unbewussten, dich begrenzenden Überzeugungen sind genau diejenigen, die dich von deinem Herzensweg abbringen.

Wie du endlich aus dem Hamsterrad aussteigen kannst

Dein Glaube bzw. deine Überzeugungen in Bezug auf die Welt lassen dich immer wieder dementsprechend reagieren. Das ist dein Leben. Du kannst selbstverständlich aus diesem Hamsterrad aussteigen. Es reicht jedoch nicht, dass du dein Verhalten änderst. Das hast du sicher schon oft genug probiert, um dich dann schon bald erneut im Hamsterrad wiederzufinden, oder? Wenn du wirklich erfolgreich aus dem Laufrad aussteigen willst, dann musst du schon deine Prägungen, sprich deine Verhaltens-, Glaubensmuster und Überzeugungen verändern.[9]

---

8 Wenn du dich ausführlich mit diesem Thema auseinandersetzen möchtest, lege ich dir mein Buch **Bring endlich Licht ins Dunkel deiner Glaubenssätze** (Schirner 2012) ans Herz.
9 Mein Buch über die Glaubenssätze gibt dir auch verschiedene Übungen an die Hand, wie du deine dich begrenzenden Muster transformieren kannst.

Das FOKUS-Prinzip

Die neue Wissenschaft besagt, dass die Energie der Aufmerksamkeit folgt. Das bedeutet, dass das, worauf du deinen Fokus richtest, automatisch »mehr« wird. Daher bezeichne ich diesen Zusammenhang als das FOKUS-Prinzip. Es basiert auf dem Gesetz der Anziehung.

Du solltest dir in Zukunft also zweimal überlegen, ob du deine Aufmerksamkeit weiterhin auf die Dinge richten möchtest, die nicht funktionieren (deine Probleme), oder auf die, die funktionieren (mögliche Lösungen). Schaue genau hin, ob du auf Mangel oder auf Fülle ausgerichtet bist. Willst du weiterhin Opfer sein oder lieber Schöpfer? Dein Fokus entscheidet darüber.

Ach ja, solltest du dich wieder einmal dabei ertappen, in die falsche Richtung zu blicken, dann stelle dir folgende Zauberfrage: »Was will ich stattdessen?« Diese Frage bringt dich sofort wieder auf den richtigen Weg.

Warum deine angestaubte Kiste
mit den verdrängten Gefühlen nun aufbricht

Du weißt, dass du Schöpfer bist und dass all das, was du heute erlebst, der Schöpfung deiner Vergangenheit entstammt. Sei dir dessen immer wieder bewusst. **Du bist Architekt deiner eigenen Wirklichkeit** – jeden Tag aufs Neue. Und ich weiß, dass du weißt, dass es in dir auch Gefühle gibt, die du tief in der Schatzkiste deines Unterbewusstseins vergraben hast. Das, was du seinerzeit erlebt hast und was sich überhaupt nicht schön angefühlt hat, schlummert in dieser Kiste vor sich hin. Jedoch hast du wahrscheinlich bereits festgestellt, dass die Kiste nicht mehr richtig zu schließen und sogar aufzubrechen scheint.

So, wie die neue Zeit bewirkt, dass das Funktionieren nicht mehr wirklich funktioniert, so trägt sie auch dazu bei, dass wir uns diesen verleugneten Gefühlen und Situationen erneut stellen müssen. Du erlebst Situationen, in denen sich der Inhalt deiner Kiste in neuem Glanz präsentiert. Ich möchte dich an dieser Stelle an zwei Erfahrungen aus meinem Leben teilhaben lassen:

1. 1992 starb mein Vater völlig unerwartet an einem Herzinfarkt. Ich erlebte einen tiefen Schmerz, den ich kaum ertragen konnte. Hinzu kam, dass ich gar keine Zeit zum Trauern hatte, weil ich mich gemeinsam mit meinem Bruder um unsere Mutter kümmern musste – und um all die Dinge, die daraufhin zu managen waren. Ich verdrängte die Trauer innerhalb von Minuten. Zeit zum Nachspüren nahm ich mir nie, aus Angst davor, dass mich die Trauer zerreißen würde. In meinen Seminaren zum Thema Beziehungen geht es natürlich auch um das Vater-Thema. Immer dann, wenn ich in diesen Situationen von meinem Vater erzähle, überkommen mich die Gefühle von damals, und es ereignete sich auch schon, dass ich vor 30 er-

staunten Augenpaaren in Tränen ausbrach und das Seminar kurz unterbrechen musste. Ich komme also nicht umhin, mich mit dieser Trauer zu beschäftigen, sie zu bejahen und in Liebe anzunehmen.

2. Ähnlich erging es mir vor Jahren in einer Therapie-sitzung (ja, ich habe mich damals tatsächlich auch für eine kurze Zeit getraut, mich in Therapie zu begeben). Meine Therapeutin, die sehr gut darin war, Dinge aufzudecken, ertappte mich im Gespräch dabei, dass ich gemeine Dinge erzählen und dabei sogar noch lächeln konnte. Ich erkannte durch sie eine dunkle Seite in mir, die ich brav in meiner Schatzkiste vergraben hatte. Niemals hätte ich mir zugestanden, dass ich ein gemeiner Kerl sein konnte. Ich war doch der liebe Nette von nebenan, der nur anerkannt sein wollte. Es fiel mir damals nicht leicht, doch begann ich, diese Schattenseite in mir mehr und mehr zu bejahen und in Liebe anzunehmen. Ich bin ein Mensch, der andere begeistern und tief berühren, aber auch gemein sein kann. Das Schöne ist, dass sich diese Schattenseite, seitdem ich sie in mir angenommen habe, so gut wie nie wieder zu zeigen brauchte – weil ich sie als Teil meiner selbst anerkannt habe.

Groll, Wut, Trauer, Panik, Ängste und viele andere vermeintlich schlechten Gefühle, die du lange Zeit verdrängt hast, nur um in Harmonie zu leben und Konflikte zu vermeiden, steigen heute immer häufiger in dir auf.

Und auch deine Schattenseiten zeigen sich mehr und mehr. Der wunderbare Lebenslehrer Robert Betz schrieb im Juni 2013 in einem Posting auf Facebook, dass alle Schöpfung zu ihrem Schöpfer so lange zurückkehre, bis dieser sie anerkenne, annehme und seinen Frieden damit mache.[10] Und genau darum geht es: Diese verdrängten, verleugneten oder ignorierten Gefühle sind ein Teil von dir und wollen gesehen werden. So, wie einem Kind, das Aufmerksamkeit haben möchte, diese jedoch nicht erhält und deswegen immer mehr rebelliert, um gesehen oder gehört zu werden, ergeht es auch deinen Gefühlen.

Als Rebell des Herzens ist es deine Aufgabe, all diese Gefühle bejahend zu durchleben. Je früher du dies tust, desto weniger wird dir deine Umwelt Ereignisse präsentieren müssen, die dich in diese Richtung lenken wollen. Damit dir das leichter fällt, kommt hier eine Übung aus meiner Arbeit mit Quantum Energy für dich:

Die liebevolle Annahme deiner verdrängten Gefühle

Lege dich auf dein Bett oder Sofa, schließe deine Augen und konzentriere dich auf genau das Gefühl, das du nur ungern spüren möchtest. Du brauchst nicht tief in das Gefühl hineinzugehen und dich damit selbst zu kasteien. Konzentriere dich lediglich darauf. Lege

---

10 https://www.facebook.com/betz.robert

deine beiden Hände auf die Mitte deiner Brust, dort, wo das Herzchakra ist, und stelle dir vor, wie du dieses Gefühl mit deinem Mantel der Liebe einhüllst – so, als würdest du ein trauriges Kind umarmen. Wenn du diese Liebe spüren kannst, wechsle mit deiner Aufmerksamkeit auf deine beiden Hände. Konzentriere dich im Gefühl der Liebe auf nichts anderes als deine beiden Hände – so lange, wie es dir möglich ist. Sollte ein Gedanke auftauchen, dann lasse ihn direkt weiterziehen, so, wie eine Wolke am Himmel vorüberzieht, um wieder Platz für einen strahlend blauen Himmel werden zu lassen. Irgendwann wirst du spüren, dass es gut ist.

Komme dir immer mehr auf die Schliche. Erforsche dich selbst, und grabe deine verdrängten Gefühle aus. Je mehr du das tust, desto eher du Frieden mit ihnen machst, umso eher wirst du ein erfülltes und glückliches Leben finden. Du bist Architekt! Sei ehrlich zu dir selbst, und stelle dich den negativen Gefühlen, die genauso eine Daseinsberechtigung haben wie die positiven.[11]
Nachdem du dich mit denen Ängsten auseinandergesetzt hast, gilt es nun, einmal hinter die Kulissen zu schauen und einen guten Bekannten zu treffen, der die Fäden im Hintergrund zieht: deinen Wachhund.

---

11 In meinem Buch **Quantum Energy** (Schirner 2012) findest du viele Übungen, wie du dich selbst erforschen, deine Ängste und Zweifel transformieren kannst – und vieles mehr.

Der Wachhund deines Lebens

Hast du dir schon einmal Gedanken darüber gemacht, warum der innere Schweinehund als solcher bezeichnet wird? »Das ist doch ganz klar«, wirst du jetzt sagen, »weil er doch genau solch einer ist. Er hindert mich daran, das zu bekommen, was ich will. Er ist halt ein Schweinehund, ein Saboteur.«

Das ist so nicht ganz richtig. Ich verstehe, dass es sich für dich so anfühlt, als würde er dich andauernd manipulieren wollen – doch möchte ich mit dir kurz hinter die Kulissen des Theaters »Schweinehund« schauen. Dein Verstand ist der Erfüllungsgehilfe deines Egos. **Dein Ego wiederum hat einen einzigen Auftrag: Dein Überleben zu sichern!** Ja, du hast richtig gelesen, es will dich beschützen, nicht manipulieren. Und ich finde, für diesen Auftrag passt »innerer Schweinehund« so überhaupt nicht, oder? Normalerweise müsste dein Ego einen Orden dafür erhalten.

Und warum macht es dann so merkwürdige Dinge, wenn es dich doch lediglich schützen will? Ganz einfach: Dein Ego handelt aus den Erfahrungen deiner frühesten Kindheit heraus. Es ist quasi nie gealtert. Und dass für ein kleines Kind Veränderungen schlimm sind und dass es Schmerz vermeiden will, kannst du dir wahrscheinlich nur zu gut vorstellen. Das ist der einzige Grund, weshalb es wie ein Sondereinsatzkommando des Geheimdienstes alles dafür tut, Veränderungen zu verhindern.

Vielleicht magst du dir jetzt einmal überlegen, diesem Kumpel, der ja ein Teil von dir ist, einen netten Namen, einen Kosenamen zu geben.

Wie du diesen Wachhund zu deinem besten Freund machst

Indem du dein Ego als das anerkennst, was es ist, nämlich als deinen Beschützer, hast du den ersten Schritt getan, es zu einem guten Freund zu machen. Erinnere dich: Alle Aspekte deines Seins, die du ablehnst, müssen zwangsläufig stärker werden. Wie schon erwähnt: Das ist wie mit dem kleinen Kind, das Aufmerksamkeit haben möchte.

Mit deinem Ego verhält es sich genauso. Erkenne es deshalb als deinen Freund und Helfer an. Wenn du bereits mit der Übung »Kontaktaufnahme« gearbeitet hast, weißt du inzwischen, wie du dein Ego von einem Manipulierer zu einem Unterstützer wandeln kannst.[12] Du hast die Übung noch nicht gelesen? Dann solltest du es spätestens JETZT tun – und du wirst wissen, was ich meine: Mit genau dieser Übung machst du dein Ego zu deinem besten Freund, immer und immer wieder.

---

12 Siehe das Kapitel »Es geht nicht, weil ...« (Seite 25).

So, nun sind wir am Ende des ersten Teils angekommen. Du bist dir sicherlich schon deutlich auf die Schliche gekommen und weißt nun, was dich bisher davon abgehalten hat, deine Bestimmung zu entdecken und zu leben. Es ist alles bereitet, um ab heute den Weg der Freude zu gehen. Und genau dazu möchte ich dich jetzt einladen.

Bist du bereit? Bereit, die Rebellion des Herzens anzuzetteln? Dann los!

Teil 2

Hin zur Freude

»Es gibt nur einen Weg – deinen.
Folge dem Ruf deines Herzens.«

Die Rebellion des Herzens anzetteln

Der Rebell des Herzens und
was ihn vom klassischen Rebellen unterscheidet

Bist du ein Rebell? Kämpfst du für das, was du willst? Zu Beginn des ersten Teils schrieb ich von der Mehrzahl der Menschen, die sich anpassen und funktionieren, um Anerkennung, Aufmerksamkeit und Liebe zu erhalten. Die anderen sind die sogenannten klassischen Rebellen. Das sind diejenigen, die ihren Eltern in der Kindheit das Leben schwergemacht haben. Anstatt sich anzupassen, haben sie das gemacht, was sie wollten, und damit oftmals genau das Gegenteil von dem, was die Eltern oder Lehrer wollten. Sie waren die Aufsässigen, die Herumtreiber – wie auch immer sie von den Eltern bezeichnet wurden. Sie wehrten sich gegen Konformität und mussten unbedingt anders sein. Viele Rebellen der Kindheit sind später sehr erfolgreich geworden, weil sie gelernt haben, zu kämpfen und sich durchzusetzen. Etwaige Niederlagen haben sie noch stärker gemacht. Sie sind wild entschlossen und lassen sich von nichts und niemandem abhalten.

Der Rebell des Herzens hat die Grundtendenz des klassischen Rebellen. Er weiß, was er will, ist entschlossen und folgt ganz klar seinem Weg – dem Ruf seines Herzens. Jedoch weiß er, dass Kampf und Sieg Erfolgsrezepte der Vergangenheit sind. Er handelt aus dem Herzen heraus, mit Wertschätzung, Respekt und Mitgefühl seinem Umfeld und der Natur gegenüber. Er berührt allein durch sein Dasein die Herzen der Menschen. Er ist ein Vorbild für andere und ein Führer, dem die Menschen gern folgen, da sie spüren, dass von ihm Liebe ausgeht. Er ist ein – wie Dan Millman so schön sagt – Krieger mit Herz.[13] Er folgt dem »leichten Weg« (das ist nicht der »Weg des geringsten Widerstandes«), weil er weiß, dass der Weg des Herzens immer leicht ist. Er kennt die Naturgesetze und weiß, dass in der Natur jeder das macht, was er am besten kann. Wenn es Probleme gibt (die genau genommen nichts anderes sind als Projekte), fragt er sich: »Was würde die Liebe tun?«[14] Die Liebe kennt immer eine Antwort, die dem Herzen entspringt. Konflikte vermeidet der Rebell des Herzens nicht. Er sieht in ihnen die Chance, zu wachsen, doch immer entscheidet er aus dem Herzen

---

13 Millman, D., Der Pfad des friedvollen Kriegers, Ansata 2009
14 Es gibt ein ganz wundervolles Projekt von Sandro Petralia, das **Heal your World** heißt. Von ihm stammt die Frage: »Was würde die Liebe tun?« Mehr dazu unter: www.healyourworld.de

heraus – selbst dann, wenn sein Verstand mächtig gegen diese Entscheidungen rebelliert. Er weiß, dass sich das Positive dieser Entscheidungen oftmals erst später zeigt und dass dem Verstand diese Aspekte fremd sind.

Bist du wirklich bereit, in aller Konsequenz den Weg deines Herzens zu gehen?

Vielleicht mag ich mich an dieser Stelle wiederholen, doch frage ich dich noch einmal: **Bist du hier und jetzt bereit, den Weg deines Herzens in aller Konsequenz zu gehen und den Preis für die Nebenwirkungen, die ich dir in der Einleitung beschrieben habe, zu zahlen?** Du weißt, warum du so bist, wie du bist. Du bist ehrlich zu dir gewesen und bist auch deinen Ängsten begegnet. Du warst mutig. Das rechne ich dir hoch an. Und du kannst stolz auf dich sein, denn bis heute sind nur wenige Menschen dazu bereit, diesen Weg einzuschlagen und in aller Konsequenz zu beschreiten. Die meisten gehen lieber den angepassten Weg und nehmen die Unzufriedenheit, die sie täglich spüren, in Kauf.

Wenn du bereit bist, mir weiter zu folgen, dann darfst du dich in diesem Abschnitt immer mehr erforschen, um herauszufinden, wie der Weg deines Herzens genau aussieht. Es soll natürlich nicht nur Kopfarbeit sein, ganz im Gegenteil. Damit du einen Geschmack davon bekommen kannst, wie gut es sich anfühlt, deinem Weg zu folgen, möchte ich dich auf eine Reise einladen.

Die Reise ins Reich der Träume

Sorge dafür, dass du einige Minuten lang ungestört bist, damit du die folgende Meditation hinreichend genießen kannst. Suche dir dann einen Platz, an dem du es dir so richtig bequem machen kannst. Es ist ganz egal, ob du sitzt oder liegst, und wenn du bereits an diesem Platz bist, umso besser.

Ich gehe davon aus, dass du einige Träume hegst, die du bisher noch nicht verwirklicht hast. Suche dir jetzt einen davon aus, der für die nächsten Minuten »real« werden soll. Wenn du einen ausgewählt hast, schließe deine Augen, und komme erst einmal ganz bei dir an. Konzentriere dich lediglich auf deinen Atem. Nimm wahr, wie du dich mit jedem Atemzug ein wenig mehr und mehr entspannst – ganz einfach und ohne etwas dafür tun zu müssen. Jeder Atemzug lässt dich weiter und tiefer entspannen.

Wenn du dich ausreichend entspannt fühlst, gehe auf eine Reise in die Zukunft. Stelle dir vor, wie du deinen Traum bereits lebst. Betrachte dich und deine Umgebung – aus deiner eigenen Perspektive heraus: Was tust du gerade? Wer ist bei dir? Wo genau bist du? Welche Kleidung trägst du? Höre alles, was es dort zu hören gibt. Höre dich selbst sprechen, nimm die Geräusche um dich herum wahr. Und fühle, wie es sich anfühlt, all das bereits zu leben. Nimm deinen Traum mit allen Sinnen wahr. Gehe ganz darin auf. Spüre ihn in jeder einzelnen Zelle.

Wenn du dich ausgiebig in deinem Traum aufgehalten und auf allen Ebenen wahrgenommen hast, wie es ist, diesen Traum bereits zu leben, konzentriere dich wieder auf deinen Atem. Komme über deinen Atem in der für dich richtigen Zeit wieder dorthin zurück, wo du liegst bzw. sitzt.

Jetzt hast du hoffentlich nicht nur eine gute Vorstellung davon bekommen, wie es sein kann, wenn du dem Ruf deines Herzens folgst, sondern du konntest auch spüren, welch ein fantastisches Gefühl es ist, all das zu leben. Selbst wenn es erst einmal »nur« einer deiner Träume war. Auf dem Weg deines Herzens wirst du immer wieder von Glücksgefühlen überwältigt werden und wahrnehmen, wie leicht das Leben sein darf usw. Hach, ich komme ins Schwärmen. Es ist aber auch einfach ein absolut großartiges Lebensgefühl!

Nun liegt es an dir, eine Entscheidung fürs Leben zu fällen und deine Prioritäten zu verändern sowie deinen Fokus glasklar auf deinen Weg auszurichten. Damit du erkennst, wie dieser Weg aussieht, legen wir direkt los.

Wie du deinen Herzensweg findest

Sieben einfache Schritte

Ich habe es dir ja bereits gesagt: In dem Moment, in dem du es dir erlaubst, wird das Leben einfach – ganz egal, wie deine Vergangenheit bisher war. Wenn du es dir erlaubst und alles dafür tust, wird dein Leben leichter und schließlich leicht werden.

Ich möchte dir nun die sieben Schritte vorstellen, die du durchlaufen wirst:

1. **Vom Denken über das Fühlen zum Handeln**
2. **Die Verbindung zum Universum aufbauen**
3. **Deine bewussten Wünsche und Träume**
4. **Deine Talente und Fähigkeiten**
5. **Deine Leidenschaften – deine Passion**
6. **Deine Gabe(n)**
7. **Die Meisterschaft – deine Bestimmung**

Schritt 1: Vom Denken
über das Fühlen zum Handeln

Eines der wichtigsten Prinzipien, um das in dein Leben zu ziehen, was du dir wünschst, ist nicht, visualisieren zu können oder sich tolle Affirmationen auszudenken und sie in deiner ganzen Wohnung aufzustellen. Das mag zwar schön aussehen, doch bewirkt es in den wenigsten Fällen etwas. Damit du das Gesetz der Anziehung in seiner Gänze nutzen kannst, musst du das, was du dir wünschst, auch fühlen können. Erst wenn du das, was du denkst, bzw. das, was du dir vorstellst, in dir spürst, geschieht Resonanz. Und erst wenn du dem Universum signalisierst, dass du das, was du fühlst, auch wirklich so meinst, wird dir der Weg geebnet. Wenn du schließlich deinem Wunsch entsprechend handelst, kann wahre Veränderung geschehen, doch dazu später mehr.

Fällt es dir schwer, das zu fühlen, was du dir wünschst? Konntest du bei der Visualisierungsübung »Die Reise ins Reich der Träume« wirklich spüren, wie du deinen Traum lebst? Oder gab es in dir doch eher wenig Resonanz, und sahst du dich lediglich wie im Kino auf einer Leinwand? Viele Menschen sind nicht in der Lage, während der Visualisierung wirklich tief zu spüren und ihre Vorstellungen auch miterleben zu können. Das liegt daran, dass sie kaum mit sich in Kontakt sind. Je mehr du dich wirklich spürst, desto leichter wird es dir fallen, deine visualisierten Träume mit allen Sinnen wahrzunehmen.

Das bedeutet jedoch, dass du dich viel mit dir und deinen Gefühlen beschäftigen musst. Erinnere dich an Teil 1 des Buches.

Ich selbst habe mich bis zu meinem 35. Lebensjahr nicht wirklich gespürt, einfach aus der unbewussten Angst heraus, verletzt werden zu können. Seinerzeit wusste ich noch nicht, dass mich niemand emotional verletzen kann, es sein denn, ich lasse es zu. Das gilt übrigens auch für dich. Du erzeugst deine Gefühle immer selbst.[15] 2008 saß ich in einem Seminar und stellte auf einmal fest, dass all das, was mein Leben ausgemacht hatte, nichts weiter war als eine Rolle zum Überleben. Das war einer der schlimmsten Momente meines Lebens. Mein Leben zerfiel vor meinen Augen zu Schutt und Asche, doch genau in diesem schlimmsten Moment passierte etwas ganz Besonderes. Ich nahm mir vor, mich endlich selbst zu entdecken, mich in der Tiefe zu erforschen, meinen Ängsten und Schatten zu begegnen und die so lange verdrängten Gefühle endlich einmal zu durchleben. Somit wurde der schlimmste Moment meines Lebens aus heutiger Sicht zu meinem wertvollsten.

---

15 Das kennst du selbst gut genug: Du brauchst dich nur an Situationen zu erinnern, in denen du voller Kraft warst. Da konnte dir kaum etwas anhaben, oder? Im Gegensatz zu jenen Situationen, in denen du eher dünnhäutig warst und dich schon der leichteste Wind umgeworfen hat. Es liegt niemals an einem anderen, sondern immer an dir. Je mehr du voller Liebe zu dir selbst bist, desto weniger treten in dir verletzende Resonanzen auf.

Es waren schlimme und erleichternde Monate zugleich, doch hatte ich mich endlich kennengelernt. Heute kann mich so leicht nichts mehr aus der Fassung bringen. Ich bin ehrlich zu mir, spiele keine Rollen mehr und darf nach 40 Jahren endlich authentisch sein. Ich bin, wie ich bin, ganz egal, wo ich mich gerade befinde. Und ich fühle. Die Authentizität und das Fühlenkönnen waren das größte Geschenk, das ich mir damals machen konnte.

Vielleicht traust du dich auch, dir selbst zu begegnen – so tief gehend, wie es nötig ist. Jedoch erwarte ich das selbstverständlich nicht.
Ich möchte dir jetzt eine Übung zur Verfügung stellen, die es dir einfacher macht, die Verbindung zwischen Kopf und Herz aufzubauen. Dann wird dir das Fühlen auf jeden Fall leichter fallen.

Wenn Kopf und Herz eins werden

Schließe deine Augen, und konzentriere dich auf dein Herzchakra, das in der Mitte deiner Brust liegt. Nimm diesen Punkt ganz genau wahr. Konzentriere dich dann auf die Mitte deiner Stirn, die für diesen Moment deinen Verstand repräsentiert. Nimm auch diesen Punkt ganz genau wahr. Nun konzentriere dich auf beide Punkte gleichzeitig, und stelle dir vor, wie über das Herzchakra und die Stirnmitte zwischen deinem Herzen und deinem Verstand eine Verbindung entsteht: Verknüpfe beide Punkte über eine Energiebahn miteinander. Sie ähnelt einem Regenbogen. Nimm wahr, wie Herz und Kopf über die Energiebahn eine feste Verbindung miteinander eingehen. Du kannst das fühlen, ganz bestimmt.

Jetzt lege deine Hände auf die beiden Punkte, und konzentriere dich nur noch auf deine beiden Hände. Alles andere verschwindet aus deinem Fokus. Nach kurzer Zeit kannst du wahrnehmen, wie sich beide Punkte miteinander synchronisieren – sei es durch ein Kribbeln der Hände, Hitze, ein Sich-Bewegen deines Körpers oder Ähnliches. In diesem Moment denkst du einmal das Wort »verknüpft«. Spüre im Anschluss einen Augenblick nach, und nimm einfach nur die Veränderung wahr. Öffne dann wieder deine Augen.

Kannst du wahrnehmen, wie jetzt tatsächlich Kopf und Herz eine feste Verbindung eingegangen sind? Freue dich darauf, wie sich diese Verbindung in deinem Alltag zeigen wird.

Schritt 2: Die Verbindung zum Universum aufbauen

100 Millionen Menschen haben sich das Buch **The Secret** gekauft. Stelle dir einmal vor, was passiert wäre, wenn all diese Menschen erfolgreich das Gesetz der Anziehung umgesetzt hätten. Was wäre dann mit dem Leben auf unserer Erde passiert? Wow, es wäre galaktisch schön geworden! Jedoch wurde es, wie so häufig, zwar von den meisten gelesen. Die meisten waren nach dem Lesen sicherlich auch voller Hoffnung, aber wirklich verinnerlicht haben es nur die wenigsten. Und wenn ich ehrlich bin: Es braucht schon ein wenig mehr als nur die feste Visualisierung eines Wunsches. Ich habe mich sehr intensiv mit dem Gesetz der Anziehung beschäftigt, denn auch ich wollte seinerzeit mit Leichtigkeit manifestieren können. Im Negativen hat es jahrzehntelang perfekt geklappt, nur im Positiven eben nicht. Warum es bei den meisten Menschen nicht wie gewünscht funktioniert, ist ganz einfach:

1. Du musst das, was du dir wünschst und visualisierst, auch wirklich fühlen.
2. Du musst das, was du fühlst, auch sein.
3. Du musst das, was du bist, auch im Alltag leben.
4. Du musst deine unbewussten Überzeugungen aufdecken, die dich an der Realisierung hindern.

Genau so baust du einen Datentransfer zum Universum auf, der dir tatsächlich jeden Wunsch in Erfüllung gehen lässt – vorausgesetzt, es ist im Sinne der Schöpfung. Denke daran, wir leben in einer Welt der Möglichkeiten. Und nur du entscheidest, welche der vielen Möglichkeiten du wählst.

Über das **Fühlen** weißt du inzwischen Bescheid. Das **Sein** geht deutlich über das Fühlen hinaus. Es geht tiefer. Wenn du das, was du dir so sehr wünschst, auch fühlst, und zwar so sehr, dass es völlig außer Frage steht, dass das, was du fühlst, auch wahr ist, dann bist du im **Sein.** Das Fühlen wird in dem Moment zum Sein, in dem du deine Gefühle trotz der Visualisierung als **wahr** empfindest. Du bist die Situation, die du dir wünschst, du **lebst** sie. Es gibt also keine Zweifel an ihr.
Und damit wären wir schon beim vierten Aspekt: Wenn es in dir – ganz egal, ob bewusst oder unbewusst – Zweifel an deinem Wunsch gibt, kann er nicht in Erfüllung gehen.
Mehr über das Handeln – also den dritten Aspekt – erfährst du in Schritt 7.

Du hast also den ganz klaren Wunsch, deinen Herzensweg zu gehen. Du kannst es auch fühlen, doch irgendetwas in dir mag nicht so wirklich daran glauben. Willkommen in deiner Geschichte, die dich mal wieder eingeholt hat. Deine unbewussten Überzeugungen nähren den Zweifel, doch zum Glück weißt du ja nun, wie du herausfindest, worauf dich dein Zweifel hinweisen möchte und wie du ihn transformieren kannst.[16]

Also, du baust die Verbindung zum Universum auf, indem du immer tiefer ins Fühlen gehst, deine Zweifel transformierst und es mehr und mehr für dich völlig selbstverständlich ist, dass dein Herzensweg real ist.

Sei die Situation, die du kreieren möchtest.

---

16   Siehe das Kapitel »Die wunderbare Welt der Ausreden« (Seite 25)

Schritt 3: Deine bewussten Wünsche und Träume

Zu Beginn von Teil 2 dieses Buches hast du dir bereits einen deiner Träume visualisiert. Gehe jetzt noch einen Schritt weiter, und schreibe dir all deine Wünsche und Träume auf. Notiere dir hierzu deine Gedanken zu folgenden Fragen:

- Was würde ich tun, wenn all meine Wünsche und Träume in Erfüllung gingen?
- Was würde ich tun, wenn alles möglich wäre?
- Was würde ich tun, wenn es keine Grenzen gäbe?
- Was würde ich tun, wenn ich genügend Zeit und Geld hätte?
- Was würde ich tun, wenn ich keine Ängste und Zweifel hätte?

Nimm dir genügend Zeit, und schreibe dir alles auf. Und sollte sich dein innerer Kritiker melden, so teile ihm mit, dass es ja »nur ums Aufschreiben« geht und er daher ruhig einen Augenblick Pause machen kann. Auch beim Aufschreiben ist es wichtig, nichts auszulassen – ganz egal, wie schräg sich das eine oder andere vielleicht in diesem Moment anhören mag. Zum Schluss schließe noch einmal deine Augen, werde innerlich ruhig, und bitte dein Unterbewusstsein, dir auch deine unbewussten Wünsche und Träume mitzuteilen. Hierbei handelt es sich um jene, die du als Kind einmal hattest, dann jedoch beiseitegeschoben hast, weil dir die Erwachsenen sagten, dass es nur Kindereien seien, die man im wirklichen Leben nicht umsetzen könne. Frage also in der Stille in dich hinein: »Liebes Unterbewusstsein, was sind meine Wünsche und Träume, die ich in meiner Schatzkammer versteckt halte?« Die Antworten werden in diesem Fall nicht aus deinem Verstand kommen, sondern aus deinem Gefühl. Sie werden einfach erscheinen. Warte ab, und lasse dir auch dafür die notwendige Zeit – selbst wenn du fünf Minuten lang in der Stille sitzen und erst einmal keine Antwort bekommen solltest. Du hast diese Träume vor Jahrzehnten vergraben, da kann es schon mal einen Augenblick benötigen, bis sie wieder zum Vorschein kommen.

Zu den Wünschen und Träumen tritt ein weiterer Aspekt. Eine der wichtigsten Fragen im Leben eines Menschen lautet: »Was will ich wirklich in meinem Leben?« Die Bedeutung dieser Frage ist eigentlich sehr offensichtlich, dennoch nehmen sich die wenigsten Zeit für ihre Beantwortung. Jetzt ist es an der Zeit, dass du dir diese Frage stellst.

Was will ich wirklich?

Suche dir als Erstes eine Person, die diese Übung mit dir durchführen möchte (die sich übrigens wunderbar gegenseitig durchführen lässt). Setzt euch einander gegenüber, und stellt euch eine Uhr daneben. Dein Übungspartner sollte einen Block und einen Stift zum

Mitschreiben bereithalten. Er stellt dir nur eine einzige Frage: »Was willst du?« Du antwortest, und dein Partner notiert daraufhin die Antwort. Wichtig ist, dass du nicht lange überlegst, sondern ganz spontan antwortest. Es gibt keine Begrenzungen. Alles darf sein: So ist ein Porsche oder ein mit Designerkleidern gefüllter Schrank genauso okay wie ein Leben in bedingungsloser Liebe. Nachdem du ein oder mehrere Dinge genannt hast und dein Übungspartner sie notiert hat, fragt er dich erneut: »Was willst du?« Diese eine Frage (die immer genau mit diesen Worten gestellt wird) wiederholt dein Übungspartner so lange, bis zehn Minuten vorbei sind. Ziel der Übung ist es, Neues über dich in Erfahrung zu bringen. Daher ist es auch so wichtig, dass du spontan antwortest. Es kann sein, dass du irgendwann genervt bist. Das ist egal, antworte trotzdem weiter. Komme über die Antworten von der bewussten zur unbewussten Ebene: Erst die Antworten der unbewussten Ebene lassen dich erfahren, worum es dir im Leben wirklich geht.

Also, was willst du wirklich, wenn alle Grenzen und Schranken, auch die Scham und das »Das geht doch nicht«-Gefühl, wegfallen? Erkenne dich immer besser.

Schritt 4: Deine Talente und Fähigkeiten

Was macht dich als Menschen aus? Du hast so viele großartige Talente und Fähigkeiten. Selbst wenn du das nicht glauben willst: Es ist so. Notiere dir, was deine einzigartigen Fähigkeiten und Talente sind. Mache dies in Form einer Selbsterforschung. Das heißt, **denke** nicht nur, sondern **fühle** es auch. Halte zwischendurch immer wieder inne, und fühle, was in dir vorgeht. Nimm dir genügend Zeit dafür. Die folgenden Fragen unterstützen dich dabei:

- Was konntest du als Kind besonders gut?
- Wofür wurdest du als Kind oftmals gelobt?
- Was hast du als Kind gern getan?
- Was waren deine besten Schulfächer?
- Was kannst du heute besonders gut?
- Bei welchen Dingen oder Situationen fragen dich andere gern um Rat?
- Was tust du besonders gern?
- Was geht dir leicht von der Hand?
- Bei welchen Beschäftigungen vergeht für dich die Zeit wie im Fluge?
- Wovon sagen andere, dass du es besonders gut könntest?
- Wofür erhältst du häufig Komplimente?
- Was kannst du besser als andere?

So findest du heraus, was dich ausmacht. Und sollte dein innerer Kritiker dich daran hindern wollen, so lasse ihn ruhig reden. Schreibe dennoch alles auf, was dir einfällt und was du tief in dir fühlst – auch wenn dein Kritiker behaupten sollte, dass es so nicht der Wahrheit entspreche.

Befrage auch – soweit es dir möglich ist – deine Eltern, deinen Partner und langjährige Freunde. Oftmals wollen wir selbst nicht wahrhaben, was wir wirklich gut können, oder wir sind zu bescheiden. Und erlaube es dir, bei dieser Übung einmal richtig auf den Putz zu hauen. Je mehr du dir notierst, umso besser. Etwas streichen kannst du am Ende immer noch.

Schritt 5: Deine Leidenschaften – deine Passion

Jetzt gehen wir noch ein Stück weiter. Beantworte – ebenfalls wieder in Form einer Selbsterforschung – was dich wirklich inspiriert:

- Wobei bist du leidenschaftlich (vom Thema Sex einmal abgesehen)?
- Wobei bist du wirklich glücklich?
- Wofür brennst du?
- Wobei geht dein Herz auf?

Deine Leidenschaften sind das, wofür du ohne zu zögern morgens aufstehst. Sie sind das, was Glücksgefühle in dir hervorruft, wenn du ihnen folgst. Ich bin mir ziemlich sicher, dass es einiges in deinem Leben gibt, wofür du wahre Leidenschaft[17] empfindest.

Also, wofür brennst du? Was erzeugt Schmetterlinge in deinem Bauch, wenn du es tust, obwohl du gerade nicht in eine andere Person verliebt bist? Denke immer daran, es muss nichts Großartiges sein.

---

17 Bitte komme nicht auf die Idee, dass **Leidenschaft** kein schönes Wort sei, weil es ja das Wort **Leid** beinhaltet. Das ist Blödsinn, denn wahre Leidenschaft ist die Abkehr von Leid. Solltest du es trotzdem nicht mögen, dieses wundervolle Wort, dann ersetze es durch das lateinische Wort **Passion.**

Ich empfinde beispielsweise dieses wunderbare Gefühl, wenn ich in der Sonne bin, meine Augen schließe und die Wärme auf meiner Haut spüre. Ich bin also leidenschaftlich gern in der Sonne. Das ist einer der Gründe, weshalb ich heute auf Ibiza lebe.

Schritt 6: Deine Gabe(n)

Nach alledem, was du dir bereits erarbeitet hast, gilt es jetzt, den großen Schritt zu machen und deine Gabe zu entdecken. Beantworte dir dazu folgende Fragen:

- Was sind deine bevorzugten Hobbys und Interessen?
- Womit verbringst du am liebsten deine Zeit?
- Worin investierst du, ohne darüber nachzudenken, dein Geld?
- Worüber redest du gern und kannst dich bis spät in der Nacht damit auseinandersetzen?
- Wovon träumst du immer wieder?
- Was wäre dein Thema, worüber du gern ein Buch schreiben würdest, wenn dir alle Ressourcen dafür zur Verfügung stünden?
- Was sagt dir deine »innere Stimme«, was du wirklich besonders gut kannst und was dir auch in Form von Rückmeldungen anderer immer wieder bestätigt wird?
  Und was war es in der Vergangenheit?
- Wann, in welcher Lebenssituation fühlst du dich körperlich und mental am wohlsten?
- Welche persönlichen Bedürfnisse stehen bei dir an erster Stelle?
- Welche natürlichen Begabungen schreibst du dir selbst zu?
- Wobei empfindest du wahre Leidenschaft, die dich täglich immer wieder antreibt?

Je ausführlicher du diese Fragen beantwortest, desto tiefer du dich selbst erforschst, umso mehr wirst du erkennen, was deine Gabe ist. Vielleicht mag sie für dich bis gerade eben noch im Verborgenen gelegen haben, obwohl sie eigentlich die ganze Zeit über offensichtlich war. Jetzt bist du dir ihrer bewusst geworden. Übrigens kann es auch gut sein, dass du nicht nur die eine Gabe hast, sondern mehrere.

Meine Frau beispielsweise ist ein Multitalent. Sie hat eine Gabe für das Malen, eine für das Schreiben, eine für das Erfühlen von Dingen – und noch viele mehr.

Es könnte sein, dass du im Kindesalter eine große Gabe für das Tanzen hattest, später deine Gabe als die weltbeste Mutter lebtest und jetzt, seitdem deine Kinder aus dem Haus sind, sich deine Gabe für das Geigenspiel zeigt, vielleicht weil du von David Garrett inspiriert worden bist. Durch solche vermeintlichen Zufälle tauchen oftmals tief in dir schlummernde Gaben auf. Lausche also der Stimme in dir!

Nachdem du jetzt all die Fragen intensiv beantwortet hast: Kann es sein, dass sich bei dir im Verlauf der Schritte drei bis sechs ein roter Faden gezeigt hat? Wiederholen sich manche Aspekte, oder sind sie zumindest einander ähnlich? Dann bist du auf dem besten Weg, dich immer mehr zu verstehen – und zu erkennen, was wirklich deines ist, was das ist, was dich als Menschen ausmacht und warum du hier auf Erden bist. Du bist einzigartig, etwas ganz Besonderes.

Schritt 7: Die Meisterschaft – deine Bestimmung

Nach all der Arbeit hast du es dir voll und ganz verdient zu erfahren, was denn nun deine Bestimmung ist. Ich möchte dir an dieser Stelle nur eine einzige Frage stellen, die jedoch entscheidend ist:

Was ist für dich persönlich das Schlimmste, das es auf Erden gibt?

Fühle der Frage einen Moment lang nach. Was ist für dich das Schlimmste? Schreibe es dir dann auf, und schaue dir deine Antwort genau an. Wenn dies eine Seite einer Medaille wäre, was wäre dann die Kehrseite, das Gegenteil davon? Schreibe es dir darunter auf.

Das ist deine Bestimmung!

Wie, das soll es jetzt gewesen sein? Ja, ganz genau, mehr nicht. Genau hierfür hast du all die Vorarbeit gebraucht, um dir letztendlich das Gegenteil des für dich Schlimmsten aufzuzeigen. Wahrscheinlich hast du bereits festgestellt, dass sich die Beantwortung aller vorangegangener Fragen auf eine bestimmte Art und Weise in diesem einen Satz widerspiegelt. So sollte es auch sein.

Schaue dir deine Bestimmung dann noch einmal blau auf weiß an. Kannst du fühlen, was dieser Satz in dir auslöst, mit dir macht? Vielleicht wird es mit einem Mal ganz ruhig in dir, und du weißt: Das ist es! Vielleicht wird dir heiß, und du wirst ganz kribbelig. Genieße diesen außergewöhnlichen Moment.

Überprüfe zum Schluss, ob deine Bestimmung den folgenden sieben Prinzipien entspricht. Sie …

1. … ist kurz, einfach, klar und positiv formuliert.
2. … kommt auf den Punkt.
3. … enthält Erklärungen mit **sein** und **tun**.
4. … schließt dich und dein Umfeld mit ein.
5. … ist jeden Tag, jede Minute (er)lebbar.
6. … ist emotionsgeladen, voller Leidenschaft und Begeisterung.
7. … lässt dein Herz frohlocken, sobald du sie liest.

Ist es so? Wunderbar!

Jetzt ist er für dich deutlich zu sehen, dein Weg des Herzens. Kannst du auch schon fühlen, wie er sich vor dir abzeichnet? Das Feuer ist entzündet. Nun liegt es ganz bei dir, ob du deine Vereinbarung mit dir selbst einhältst und das Feuer für alle sichtbar machst. Es **ist** Zeit, zu handeln!

Ladies and Gentlemen, bitte schnallen Sie sich an. Jetzt wird durchgestartet!

Den Weg des Herzens
in den Alltag integrieren

Dein Herz pocht. Du bist aufgeregt. Ich weiß. »Jedem Anfang wohnt ein Zauber inne«, schrieb schon Hermann Hesse, und der erste Schritt fühlt sich meistens so an, als sei er der schwierigste. Daher ist es umso wichtiger, den ersten Schritt genau so zu planen, dass er dir entsprechend leicht fällt.

Erinnerst du dich an Schritt 1 auf dem Weg des Herzens? Vom Denken über das Fühlen zum **Handeln.** Dies ist im Prinzip der wichtigste Schritt, denn erst durch dein Handeln zeigst du dem Universum, dass du es wirklich ernst meinst mit deinem Weg. Alles Bisherige war die Vorbereitung für das große Feuerwerk, das du jetzt entfachen kannst. Willst du wissen, weshalb die meisten Menschen nicht erfolgreich sind? Ganz einfach: Sie setzen das Erlernte nicht um. Erinnere dich wieder an das Kapitel »Es geht nicht, weil …«: Es sind die Ängste und Zweifel sowie der fehlende Mut und das fehlende Selbstvertrauen, was die Nichterfolgreichen davon abhält, zu Erfolgreichen zu werden.

Nur so nebenbei: Hast du tatsächlich geglaubt, dass die Erfolgreichen keine Ängste und Zweifel mehr haben? Natürlich haben sie noch welche. Sie sind in dieser Hinsicht nicht anders als die Nichterfolgreichen. Der große Unterschied ist der, dass sie trotz Angst und Zweifel handeln. Sie wissen, dass sie Fehler machen, aus denen sie dann lernen werden, um es in der Zukunft noch besser machen zu können. Das ist alles.

Wie du deine Ängste und Zweifel verändern kannst, hast du ja in Teil 1 dieses Buches kennengelernt. Sollte in dir also noch irgendein unangenehmes Gefühl hochkommen – was ich gut nachvollziehen könnte, schließlich geht es jetzt ja ums Ganze –, dann blättere zurück, und transformiere diese Angst bzw. diesen Zweifel noch.
Oder willst du etwa an dieser Stelle noch einen Rückzieher machen, nachdem du schon so weit gekommen bist? Willst du schlussendlich doch ein Hasenfuß sein? Muss ich dir noch einmal ganz kräftig in den Hintern treten bzw. dich vom Sprungbrett schubsen? Wohl nicht, denn du bist großartig. In dir steckt so viel, und alles ist bereits da. Denke daran: Du bist Architekt deiner eigenen Wirklichkeit, deiner Zukunft.

Also, auf zum Handeln!

Du hast deine Bestimmung und somit deinen Weg gefunden. Jetzt gilt es, genau zu überlegen, welche Ressourcen es braucht, um diesen Weg erfolgreich zu beschreiten.[18]

---

18 Am Ende des Buches findest du noch den Hinweis auf eine besondere Veranstaltung: »Rebell des Herzens« live erleben

Ich möchte dir in diesem Buch eine kleine Checkliste zur Verfügung stellen (du findest sie auf der nächsten Doppelseite), die dich Schritt für Schritt dabei unterstützt, leichtfüßig deinen Weg des Herzens zu beschreiten. Denke immer daran: Der Rebell des Herzens wählt bewusst den »leichten Weg«.

Nutze auch **Motivationsmarker.** Überlege dir: Woran wirst du erkennen, dass du erfolgreich vorangekommen bist? Was muss sich in deinem Innen bzw. in deinem Außen zeigen? Schreibe dir alles genau auf. So kannst du jeweils abhaken, was du geschafft hast – und stolz auf dich sein und genau erkennen, dass du auf einem guten Weg bist: dem Weg deines Herzens.

Und weil er so heißt, gilt es natürlich immer wieder, innezuhalten, in dein Herz zu horchen und dich zu fragen: Liegt das, was ich gerade tue oder tun möchte, auf meinem Weg? Ich stelle mir immer wieder zwischendurch diese Frage. Es erleichtert mir den Weg und vor allem ist es für mich dann auch einfacher, die richtigen Entscheidungen zu fällen.

Ein Rebell des Herzens kennt zudem die Macht von **Po-werfragen**.[19] Er stellt sich diese zwischendurch immer wieder, weil sie ihm ebenso den Weg erleichtern und seinen Verstand von einem Manipulierer in einen Unterstützer wandeln:

- Warum gehe ich erfolgreich den
       Weg meines Herzens?
- Warum fällt mir mein Herzensweg so leicht?
- Warum erhalte ich immer die richtige Unterstützung?
- Warum bin ich einfach grundlos glücklich?
- Usw.

---

19   Powerfragen sind Fragen, die es deinem Verstand unmöglich machen, dir Zweifel in den Weg zu stellen. Ganz ausführlich schreiben meine Frau Sonja und ich darüber in **Frag dich glücklich. Wie Powerfragen dein Leben verändern können** (Schirner 2012).

Checkliste für den Weg des Herzens

O Wie sieht der Weg aus?

O Was muss passieren, damit mein Weg Realität wird?

O Visualisierung des Weges mit allen Sinnen

O Was wird meine erste entscheidende Handlung sein, mit der ich dem Universum zeige, dass ich es ernst meine?

O Wen kann ich ansprechen, damit sie oder er mich bei meinem Weg unterstützt?

O Wen muss ich hinzuziehen (Personen oder Institutionen)?

O Wen kann ich als Vorbild nehmen, weil sie oder er bereits einen ähnlichen Weg geht?

O Wo kann ich mir bei anderen, die erfolgreich ihren Weg gehen, etwas abschauen, um es dann zu verbessern bzw. an meine Bedürfnisse anzupassen?

O Was kann und/oder muss ich selbst aktiv tun?

O Einen Übergang aus dem alten in den neuen Beruf (ich muss nicht sofort kündigen!) finden

Bzw.: Wie lässt sich mein Weg in den bisherigen Beruf integrieren?

○ Lebenspartner, Kinder, Freunde und andere wichtige Bezugspersonen für meinen Weg begeistern und im Idealfall mit einbeziehen

○ Finanzielle Mittel, soweit erforderlich, organisieren (Das Geld ist niemals das Problem, das weiß ich!)

○ Wenn ich ein sicherheitsorientierter Mensch bin: Was brauche ich, um die notwendige Sicherheit zu haben bzw. zu fühlen?

○ Zielplanung: Was sind meine konkreten Ziele für den Weg? Was sind mögliche Teilziele auf dem Weg?

○ Wie sieht meine Zeiteinteilung aus?

○ Usw.

Denke daran, zuerst musst du innerlich klar sein. Erst dann erfolgen die Taten im Außen.

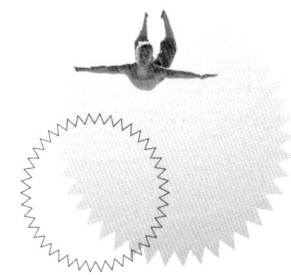

Rebell sein und andere dazu anspornen, es dir zu gleichzutun

Wir sind am Ende des Buches angekommen. Du hast erfolgreich herausgefunden, warum du so bist, wie du bist, und weißt nunmehr, was du willst und was dein Herzensweg ist. Hierzu beglückwünsche ich dich sehr!

Je mehr du deinem Weg des Herzens folgst, desto öfter du immer wieder auf dein Herz hörst und deiner Bestimmung folgst, umso deutlicher wirst du bemerken, wie dein Leben ganz automatisch leichter, zufriedener und glücklicher wird. Auch wirst du Gesundheit erfahren, denn ein emotional gesunder Körper braucht nicht krank zu sein.

Die oben erwähnte Powerfrage »Warum bin ich einfach grundlos glücklich?« wird sich immer mehr verselbstständigen, weil du tatsächlich grundlos glücklich sein wirst. Ich erlebe das so gut wie jeden Tag. Alles wird dir wie von selbst von der Hand gehen, und vor allem dein Umfeld wird recht schnell bemerken, dass sich nicht nur beruflich bei dir etwas verändert hat, sondern vor allem auch in deiner Persönlichkeit.

Rebell des Herzens zu sein, das wird zu deinem Leben. Es werden Menschen auf dich zukommen, die dich fragen, was du dafür getan hast, um solch ein Leben zu führen. Und du wirst ein ganz wundervolles Vorbild für jene sein, die sich erst noch auf ihren Weg machen wollen oder nicht wissen, wie dieser aussieht.

Weil du so voller Freude bist, wirst du völlig selbstverständlich andere dazu animieren wollen, dies ebenfalls zu erleben. Ein schöneres Leben kann es doch gar nicht geben, oder?

Ich danke dir von ganzem Herzen, dass du mir vertraut hast und dass ich dich auf diesem Weg begleiten durfte. Für mich ist das ein großes Geschenk. Und mit deiner Unterstützung wird meine Vision noch schneller Realität: Millionen von Menschen an ihr Geburtsrecht auf ein erfülltes, glückliches und gesundes Leben voller Wohlstand zu erinnern.

Danke!

Von Rebell zu Rebell

Notizen:

Rebell
des **Herzens**

_____

_____

_____

_____

_____

_____

_____

_____

_____

_____

_____

_____

_____

_____

_____

_____

Notizen:

Rebell des Herzens

Notizen:

Rebell des Herzens

_____

_____

_____

_____

_____

_____

_____

_____

_____

_____

_____

_____

_____

_____

_____

_____

Notizen:

Rebell des Herzens

Danksagung

Ich danke all jenen Menschen, die mich dabei unterstützt haben, die entscheidenden Schritte zu tun, sodass ich heute meine Träume lebe und meinen Weg des Herzens gehe.

Ganz besonders möchte ich meiner ehemaligen Frau Anita danken, die mich aus dem Konformismus befreit hat. Ebenso meiner jetzigen Ehefrau Sonja, die meinen Weg nun schon seit vielen Jahren begleitet und mich so sehr unterstützt. Meinem Lektor Rudolf Garski, der sich immer wieder aufs Neue an meine Manuskripte heranwagt.

Und letztendlich dir, lieber Leser, dass du bereit bist, wie ich ein Rebell des Herzens zu werden.

Über den Autor

Siranus Sven von Staden ist Begründer der Transformations- und Heilmethode »Quantum Energy«, Bestsellerautor, Vortragsredner sowie Berater und Coach für die neue Zeit.

Mehr als 40 Jahre lang war sein unbewusster innerer Antrieb die Suche nach Anerkennung, Aufmerksamkeit und Liebe. Dann erkannte er, was für ihn wirklich wichtig ist. Er legte all seine gespielten Rollen ab, hörte auf, nur zu »funktionieren« und sich anzupassen und wurde schließlich zum Rebell des Herzens.

Siranus lehrt, was er lebt: das grenzenlose Potenzial unseres Herzens und Verstandes zu erforschen und erfolgreich in unser Leben zu tragen; zum Wohle jedes Einzelnen, der Unternehmen, der Gesellschaft und der Umwelt. Seine Arbeit ist seine Leidenschaft und Bestimmung.

Er ist einerseits sehr direkt und ehrlich, andererseits berührt er die Menschen tief in ihrem Herzen. Nachhaltiges Lernen mit Leichtigkeit und Herz ist sein Motto. Siranus ist Autor von über 20 Büchern und CDs. Er ist gern gesehener Gast als Experte in Radio und Fernsehen und lebt heute mit seiner zauberhaften Frau Sonja auf Ibiza.

Mehr Informationen zu seiner Arbeit findest du unter: www.siranus.com und www.quantum-energy.de

Weiterführende Literatur

- Bray Attwood, J./Attwood, C.: Passion Test. Kamphausen 2007
- Chopra, D.: Die sieben geistigen Gesetze des Erfolgs. Ullstein TB 2004
- Covey, S. R.: Der 8. Weg. Gabal 2006
- Covey, S. R.: Die 7 Wege zur Effektivität. Gabal 2005
- Grabhorn, L.: Aufwachen – Dein Leben wartet. Goldmann 2004
- Lichtenstein, D./Aziz, S. J.: Die Gabe. Scorpio 2011
- Lipton, B.: Intelligente Zellen. Koha 2006
- Millman, D.: Der Pfad des friedvollen Kriegers. Ansata 2009
- Nidiaye, S.: Wieder fühlen lernen. Integral 2006
- Parkin, J. C.: Fuck it! Loslassen, Entspannen, Glücklich sein. Ariston 2010
- von Staden, S. S.: 30 Minuten. Veränderungen souverän meistern. Gabal 2012
- von Staden, S.: Quantum Energy. Das Geheimnis außergewöhnlicher Veränderungen und Heilungen. Schirner 2012
- von Staden, S. S.: Bring endlich Licht ins Dunkel deiner Glaubenssätze. Schirner 2012
- von Staden, S. A. & von Staden, S. S.: Frag Dich glücklich. Schirner 2012
- Zurhorst, E. M.: Liebe Dich selbst und es ist egal, wen Du heiratest. Goldmann 2007

Empfehlenswerte DVDs

- Awake. Ein Reiseführer ins Erwachen. Trinity 2012
- Der Film deines Lebens. Allegria 2011
- Der Klang des Herzens. Universum 2007
- Die Gabe. Warum wir hier sind. Scorpio 2010
- Mavericks. Lebe deinen Traum.
  Senator Home Entertainment 2012
- Ratatouille. Walt Disney 2007
- Shift. Das Geheimnis der Inspiration. Allegria 2009

»Rebell des Herzens« live erleben

Wenn du dieses Buch doch lediglich **gelesen** hast und einfach eher der Typ bist, der sich den Weg zum Rebellen des Herzens in einer Gruppe Gleichgesinnter in wunderschöner Atmosphäre erarbeiten will, dann geht das selbstverständlich auch:

Einmal im Jahr findet im Sommer das fünftägige Intensivseminar **»Folge Deinem Ruf«** hier auf Ibiza statt. Im Rahmen dieses Seminars erarbeitest du dir erst einmal, was dich bisher daran gehindert hat, deinen Weg zu gehen. Du deckst all deine Ängste, Zweifel sowie begrenzenden Verhaltens- und Glaubensmuster auf, um sie dann erfolgreich zu transformieren. Erst danach machen wir uns gemeinsam auf den Weg, die eigene Bestimmung zu entdecken. Selbstverständlich weitaus intensiver, als es in diesem Buch beschrieben werden konnte. Abschließend erarbeitest du dir deine ganz persönliche Umsetzungsstrategie. Und am Ende wird natürlich ausgiebig gefeiert.

Wenn du dabei sein möchtest, dann findest du auf meiner Homepage www.siranus.com alle weiteren Informationen.

Ebenfalls vom Autor im

Bring endlich Licht ins Dunkel
deiner Glaubenssätze
208 Seiten
ISBN 978-3-8434-1060-1

Endlich frei von den Fesseln der Glaubenssätze

Sie wollen Erfolg, Reichtum, gelingende Beziehungen und Gesundheit in Ihr Leben ziehen, aber es glückt Ihnen einfach nicht?
Damit ist jetzt Schluss!
Sie halten hier ein Buch in Ihren Händen, das Ihnen die Augen
öffnet für all die limitierenden Überzeugungen, die Sie an einem
erfüllten Leben hindern. Alles Affirmieren, positives Denken und
Manifestieren bringt rein gar nichts, wenn die unbewussten Glaubenssätze alle Veränderungen manipulieren. Es gibt so viele Menschen, die bis heute nicht wissen, was genau sie blockiert. Das
hat nun ein Ende. Neben hundertfach erprobten Übungen, wie
Sie Ihre hindernden Glaubenssätze verändern können, gibt es vor
allem den praktischen Glaubenssatzfinder. Mit diesem finden Sie
in sechs einfachen Schritten heraus, welche Überzeugungen Sie
bisher gehindert haben.

Heute beginnt ein erfüllteres Leben!

Schirner Verlag erschienen

Quantum Energy
Das Geheimnis außergewöhnlicher
Veränderungen und Heilungen.
Wie Sie mithilfe von mehr als 60 Übungen
Ihr Leben radikal verändern können.
Mit einem Vorwort des Quantenphysikers
Dr. Michael König
320 Seiten
ISBN 978-3-8434-1094-6

Ein Auszug aus dem Buch:

Viele sprechen hier von der Energie des reinen Bewusstseins. Ich
bezeichne sie als das »Quellbewusstsein«, weil es die Energie des
höchsten Bewusstseins darstellt, durch die und mit der alles miteinander verbunden ist – mit der Quelle: Gott.
Doch was bedeutet das? Ich möchte einen ganz kurzen Abstecher
in die Quantenphysik machen und danach schnell in die Praxis
gehen. Die Wissenschaftler forschen bereits sehr lange daran,
was die sogenannte »Leere« ist: Der Raum, in dem nichts ist. Der
Weltraum, die Luft, bis ins kleinste Detail, dem Atom. Das Atom
besitzt einen Atomkern. Um diesen Kern kreisen viele Elektronen.
Dazwischen ist ebenfalls nichts. Dieses »Nichts«, diese »Leere«
macht jedoch den größten Teil des Atoms aus, genau wie die Leere im Weltraum. Kann es dann sein, dass diese große Leere wirklich nichts ist? Kaum, denn sie dient als Leiter für Handystrahlung,
Satellitenverbindungen usw. Also ist das Nichts doch etwas? Ein
klares Ja, denn das Nichts ist das Großartigste, was es gibt. Dieses
Nichts oder wie es vielfach noch genannt wird, das einheitliche

Feld, das Nullpunktfeld (nach Lynne McTaggart), das morphogenetische Feld (nach Rupert Sheldrake) oder das kollektive Unbewusste (nach Carl Gustav Jung) ist das Feld, das alles miteinander verbindet. Max Planck, der Vater der Quantenphysik, identifizierte dieses Feld bereits 1944. Er hat es als die »Matrix« bezeichnet. Dieses Feld ist der größte Schatz und gleichzeitig das größte Geheimnis, das es gibt. Wenn ich in diesem Fall vom Quellbewusstsein spreche, dann bezeichne ich damit das Gleiche. Denn diese Energie bzw. Schwingung ist eine Form des Bewusstseins, die alles trägt und alles beinhaltet.

Damit Sie ein Gefühl davon bekommen, wovon ich hier spreche, machen Sie bitte folgende Übung:

Erfahren des Quellbewusstseins

Schließen Sie Ihre Augen, und konzentrieren Sie sich auf Ihre Gedanken. Gerade jetzt geht Ihnen einer von täglich vielleicht 60 000 Gedanken durch den Kopf. Beobachten Sie diesen Gedanken, wie er kommt, sich einen kurzen Aufenthalt in Ihrem Gedächtnis gönnt und dann wieder weiterzieht, um einem weiteren Gedanken Platz zu machen. Oder nistet sich der Gedanke gerade bei Ihnen ein, um Ihnen Kopfzerbrechen zu bereiten? Sollte er dieses tun, so lassen Sie ihn jetzt davonschwirren, und nehmen Sie wahr, wie kurz darauf der nächste Gedanke erscheint. Halt, Stopp! War da nicht gerade eine kurze Lücke zwischen den beiden Gedanken? Ja, da war eine kurze Pause. Haben Sie sie bemerkt? Nicht? Dann gleich noch einmal. Ein Gedanke kommt, sagt kurz Hallo und zieht dann vorüber. Jetzt ist sie da, die Lücke, oder? Haben Sie sie dieses Mal wahrgenommen?

Dieser kurze Moment, diese Lücke, ist das sagenumwobene »Quellbewusstsein«. Ziemlich unspektakulär, nicht wahr? Doch genau so ist es. Jetzt erweitern Sie die Übung. Stellen Sie sich einmal vor, wie sie die Lücke ein wenig ausdehnen, so als würden Sie die beiden umliegenden Gedanken mit Ihren Händen auseinander ziehen. Nehmen Sie jetzt die Lücke genauer wahr. Wie fühlt sich dieses Nichts an? Angenehm? Wenn ich ins Quellbewusstsein gehe, habe ich immer ein Glücksgefühl. So erkenne ich, dass ich im Quellbewusstsein bin.

Konnten Sie es spüren? Das ist die Energie, die alles verändert. Damit arbeitet »Quantum Energy«, nicht in jeder Übung, doch in sehr vielen. Das ist gerade vielleicht noch etwas verwirrend, doch werden Sie bald feststellen, wie leicht es ist, mit dieser Energie die spontanen Veränderungen und Heilungen hervorzurufen. Als ich zum ersten Mal damit in Kontakt kam, dachte ich, man wolle mich veräppeln. Gut, dass ich damals nicht den Seminarraum verlassen habe, sonst könnten Sie diese Zeilen jetzt nicht lesen.

Der Bestseller »Quantum Energy – Das Geheimnis außergewöhnlicher Veränderungen und Heilungen« ist das erfolgreiche Basiswerk des Autors zum Thema »Heilen mit Quantenenergie«. Siranus Sven von Staden stellt darin ausführlich seine eigene Methode vor, die über die Quantenheilung deutlich hinaus geht, mit mehr als 60 Übungen zu allen Lebensbereichen. Hierin bekommen Sie einen eindrucksvollen Überblick, warum wir Menschen so sind, wie wir sind, und was Sie aktiv tun können, um das Leben zu führen, das Sie sich schon immer gewünscht haben.